As uvas e o vento

Livros do autor na Coleção **L&PM** POCKET:

A barcarola
Cantos cerimoniais (Edição bilíngue)
Cem sonetos de amor
O coração amarelo (Edição bilíngue)
Crepusculário (Edição bilíngue)
Defeitos escolhidos & 2000 (Edição bilíngue)
Elegia (Edição bilíngue)
Jardim de inverno (Edição bilíngue)
Livro das perguntas (Edição bilíngue)
Memorial de Isla Negra
Residência na terra 1 (Edição bilíngue)
Residência na terra 2 (Edição bilíngue)
A rosa separada (Edição bilíngue)
Terceira residência (Edição bilíngue)
Últimos poemas (Edição bilíngue)
As uvas e o vento

Pablo Neruda

As uvas e o vento

Tradução de CARLOS NEJAR

www.lpm.com.br

L&PM POCKET

Coleção **L&PM** POCKET, vol. 357

Texto de acordo com a nova ortografia
Título do original espanhol: *Las uvas y el viento*
Publicado anteriormente pela L&PM Editores em formato padrão dentro da coleção Poesia de Pablo Neruda (1ª edição: primavera de 1979).

Primeira edição na Coleção **L&PM** POCKET: abril de 2004
Esta reimpressão: dezembro de 2017

Capa: Ivan Pinheiro Machado sobre obra de Juan Gris (1887-1927), Fruteiro e garrafa de água, 1914 (Rijksmuseum Kröller-Müller, Otterlo, Holanda).
Revisão: Sueli Bastos, Renato Deitos e Flávio Dotti Cesa
Tradução: Carlos Nejar

ISBN 978-85-254-1298-0

N454u

Neruda, Pablo, 1904-1973.
    As uvas e o vento / Ricardo Neftalí Reyes; tradução de Carlos Nejar -- Porto Alegre: L&PM, 2017.
    256 p. ; 18 cm. (Coleção L&PM POCKET; v. 357)

    1.Ficção Chilena-Poesias. 2.Reyes, Neftali Ricardo Reyes, 1904-1973. I.Título. II.Série.

CDD Ch861
CDU 821.134.2(83)-1

Catalogação elaborada por Izabel A. Merlo, CRB 10/329

© Fundación Pablo Neruda, 1954

Todos os direitos desta edição reservados a L&PM Editores
Rua Comendador Coruja, 314, loja 9 – Floresta – 90.220-180
Porto Alegre – RS – Brasil / Fone: 51.3225.5777 – Fax: 51.3221-5380

Pedidos & Depto. Comercial: vendas@lpm.com.br
Fale conosco: info@lpm.com.br
www.lpm.com.br

Impresso no Brasil
Primavera de 2017

INTRODUÇÃO

Apesar de ser um dos livros mais importantes da etapa de Neruda posterior ao *Canto geral*, *As uvas e o vento* é quiçá um dos menos conhecidos, em razão do que, depois de sua publicação em 1954, tem sido de difícil acesso fora das edições de obras completas do poeta. Em torno ao eixo do itinerário de uma viagem à Europa que é um reencontro com uma geografia, com um passado cultural e com as tensões de um presente conflitivo ou o nascimento de novos regimes socialistas, Neruda descreve uma cartografia política e poética dos anos pós-guerra, desde a Ilha Negra no Chile até a China de Mao. Com o passar dos anos, ao abordar novamente alguns aspectos desse panorama, o ponto de vista do poeta talvez tenha variado, inclusive dramaticamente às vezes; mas o vigor expressivo, a fé no homem e a capacidade totalizadora de visão que pulsam em *As uvas e o vento* – grande hino europeu e asiático, depois do hino americano do *Canto geral* – impõem sua grandeza e convicção mais além da circunstância histórica concreta em que se manifestaram. Como em toda a obra de Neruda, canta-se, no mundo invisível, o projeto de um mundo novo onde o homem seja um homem, conciliado num âmbito humano.

Os Editores

PRÓLOGO

TENDES QUE OUVIR-ME

*Eu fui cantando errante,
entre as uvas
da Europa
e sob o vento,
sob o vento na Ásia.*

*O melhor das vidas
e a vida,
a doçura terrestre,
a paz pura,
fui recolhendo, errante,
recolhendo.*

*O melhor de uma terra
e outra terra
levantei em minha boca
com meu canto:
a liberdade do vento,
a paz entre as uvas.*

*Pareciam os homens
inimigos,
mas a mesma noite
os cobria
e era uma só claridade
que os despertava:
a claridade do mundo.*

*Eu entrei nas casas quando
comiam na mesa,*

*vinham das fábricas,
riam ou choravam.*

Todos eram iguais.

*Todos tinham olhos
para a luz, buscavam
os caminhos.*

*Todos tinham boca,
cantavam
para a primavera.*

Todos.

*Por isso
eu busquei entre as uvas
e o vento
o melhor dos homens.*

Agora tendes de ouvir-me.

I. AS UVAS DA EUROPA

I. SÓ O HOMEM

EU ATRAVESSEI as hostis
cordilheiras,
entre as árvores passei a cavalo.
O húmus deixou
no chão
sua alfombra de mil anos.

As árvores se tocam na altura,
na unidade trêmula.
Embaixo, escura é a selva.
Um voo curto, um grito
a atravessam,
os pássaros do frio,
os zorros de elétrica cauda,
uma grande folha que tomba,
e meu cavalo pisa o brando
leito da árvore dormida,
mas sob a terra
as árvores de novo
se entendem e se tocam.
A selva é uma só,
um só grande punhado de perfume,
uma só raiz sob a terra.

As puas me mordiam,
as duras pedras feriam meu cavalo,
o gelo ia buscando sob minha roupa rasgada
meu coração para cantá-lo e adormecê-lo.

Os rios que nasciam
diante de meus olhos desciam velozes
e queriam matar-me.
De repente uma árvore ocupava o caminho
como se tivesse
andado e então
a houvesse derrubado
a selva, e ali estava
grande como mil homens,
cheia de cabeleiras,
pululada de insetos,
apodrecida pela chuva,
mas do fundo da morte
queria deter-me.

Eu saltei a árvore,
quebrei-a com o machado,
acariciei suas folhas formosas como mãos,
toquei as poderosas
raízes que muito mais que eu
conheciam a terra.
Eu passei sobre a árvore,
cruzei todos os rios,
a espuma me levava,
as pedras me enganavam,
o ar verde que criava
joias a cada minuto
atacava minha fronte,
queimava minhas pestanas.
Atravessei as altas cordilheiras
porque comigo um homem,
outro homem, um homem
ia comigo.
Não vinham as árvores,

não ia comigo a água
vertiginosa que quis matar-me,
nem a terra espinhosa.
Só o homem,
só o homem estava comigo.

Não as mãos da árvore,
formosas como rostos, nem as graves
raízes que conhecem a terra
me ajudaram.
Só o homem.
Não sei como se chama.
Era tão pobre como eu, tinha
olhos como os meus e com eles
descobria o caminho
para que outro homem passasse.
E aqui estou.
Por isso existo.

Creio
que não nos juntaremos na altura.
Creio
que sob a terra nada nos espera,
mas sobre a terra
vamos juntos.
Nossa unidade está sobre a terra.

II. O RIO

EU ENTREI em Florença. Era
de noite. Tremi escutando
quase adormecido o que o doce rio
me contava. Eu não sei

o que dizem os quadros nem os livros
(não todos os quadros nem todos os livros, só alguns),
mas sei o que dizem
todos os rios.
Têm o mesmo idioma que tenho.
Nas terras selvagens
o Orinoco me fala
e entendo, entendo
histórias que não posso repetir.
Há segredos meus
que o rio levou,
e o que me pediu lhe vou cumprindo
pouco a pouco na terra.
Reconheci na voz do Arno então
velhas palavras que buscavam minha boca,
como o que nunca conheceu o mel
e acha que reconhece seu sabor.
Assim escutei as vozes
do rio de Florença,
como se antes de ser me houvessem dito
o que agora escutava:
sonhos e passos que me uniam
à voz do rio,
seres em movimento,
lances de luz na história,
tercetos acesos como lâmpadas.
O pão e o sangue cantavam
com a voz noturna da água.

III. A CIDADE

E QUANDO no Palácio
Velho,
belo como um agave de pedra,
subi os degraus gastos,
atravessei os antigos aposentos,
e saiu para receber-me
um operário,
chefe da cidade, do velho rio,
das casas cortadas como em pedra de lua,
não me surpreendi:
a majestade do povo governava.
E olhei detrás de sua boca
os fios deslumbrantes
da tapeçaria,
a pintura que destas ruas tortuosas
saiu para mostrar a flor da beleza
a todas as ruas do mundo.
A cascata infinita
que o magro poeta de Florença
deixou caindo sempre
sem que possa morrer,
porque de fogo rubro e água verde
estão feitas suas sílabas.

Tudo por trás de sua cabeça operária
eu divisei. Mas não era,
detrás dele, a auréola
do passado seu esplendor:
era a simplicidade do presente.
Como um homem,

desde o tear ou o arado,
desde a fábrica escura,
subiu os escalões
com seu povo
e no Velho Palácio, sem seda e sem espada,
o povo, o mesmo
que atravessou comigo o frio
das cordilheiras andinas,
estava ali. De repente,
por trás de sua cabeça,
vi a neve,
as grandes árvores que na altura se uniram
e aqui, de novo
sobre a terra,
me acolhia com um sorriso
e me dava a mão,
a mesma
que me mostrou o caminho
lá longe nas ferruginosas
cordilheiras hostis que venci.
E aqui não era a pedra
convertida em milagre, nem a luz
procriadora, nem o benefício azul da pintura,
nem todas as vozes do rio,
os que me deram a cidadania
da velha cidade de pedra e prata,
mas um operário, um homem.
como todos os homens.

Por isso creio
cada noite no dia,
e quando tenho sede creio na água,
porque creio no homem.

Creio que vamos subindo
o último degrau.
Dali veremos
a verdade repartida,
a simplicidade implantada na terra,
o pão e o vinho para todos.

IV. DESVIANDO O RIO

FOI no verão da Romênia, aço
verde dos pinhais para o mar,
e para o mar descobri que caminhava um rio:

o Danúbio amarelo da Romênia.

Mas não caminhava
por desígnio de rio,
mas porque o homem ia-lhe abrindo leito.
O homem o empurrava,
o atacava com mãos violentas
que socavavam a terra.
A dinamite levantava
um ramo de fumo de cor violeta.
Estremecia a cintura
do rio, e caminhava.
Por outras regiões marchava.
Sem querer ia andando,
fertilizando areias,
parindo fruta e trigo.

O rio não queria,
mas, por trás, o homem

o empurrava,
açoitava-lhe as ancas,
golpeava-o na espuma,
frenava-o e vencia,
e para o outro lado do mar marchava o rio
e com o rio marchava a vida.

Eu vi os rapazes manchados
de pó e suor, pequeninhos
diante da terra hostil e estéril,
orgulhosos e pequeninhos,
abrindo o caminho do rio,
e mostrando-me a central
futura da força, quando
a água desse luz
naquelas regiões negras.
Vi-os, toquei-os. Eu creio
que os grandes deuses de antanho
se assemelhavam aos meninos
sorridentes que dirigiam
o curso amarelo do rio
para que amanhã amanheçam
as novas uvas na terra.

V. OS FRUTOS

DOCES OLIVEIRAS verdes de Frascati,
polidas como puros mamilos,
frescas como gotas de oceano,
reconcentrada, terrenal essência!

Da velha terra
sulcada e cantada,

renovados em cada primavera,
com a mesma argamassa
dos seres humanos,
com a mesma matéria
de nossa eternidade, perecíveis
e nascedores, repetidos
e novos, olivais
das secas terras da Itália,
do generoso ventre
que através da dor
continua parindo delícia.
Aquele dia a oliveira,
o vinho novo,
a canção de meu amigo,
meu amor à distância,
a terra umedecida,
tudo tão simples,
tão eterno
como o grão de trigo,
ali em Frascati
os muros perfurados
pela morte,
os olhos da guerra nas janelas,
mas a paz me recebia
com um sabor de azeite e vinho,
enquanto tudo era simples como o povo
que me entregava
seu tesouro verde:
as pequenas oliveiras,
frescor, sabor puro,
medida deliciosa,
mamilo do dia azul,
amor terrestre.

VI. AS PONTES

NOVAS PONTES de Praga, nascestes
na velha cidade, rosa e cinza,
para que o homem novo
passe o rio.
Mil anos gastaram os olhos
dos deuses de pedra
que da velha Ponte Carlos
viram ir e vir e não voltar
as velhas vidas,
de Malá Strana os pés que para Morávia
se dirigiram, os pesados
pés do tempo,
os pés do velho cemitério judeu
sob vinte capas de tempo e pó
passaram e dançaram sobre a ponte,
enquanto as águas cor de fumo
corriam do passado, para a pedra.

Moldava, pouco a pouco
te ias fazendo estátua,
estátua cinzenta de um rio que morria
com sua velha coroa de ferro na fronte,
mas de repente o vento
da história sacode
teus pés e teus joelhos,
e cantas, rio, e danças, e caminhas
com uma nova vida.
As usinas trabalhavam de outro modo.
O retrato esquecido
do povo nas janelas
sorri saudando,

e eis aqui agora
as novas pontes:
a claridade as enche,
sua retidão convida
e diz: "Povo, adiante,
para todos os anos que vêm,
para todas as terras do trigo,
para o tesouro negro da mina
repartido entre todos os homens"

E passa o rio
sob as novas pontes
cantando com a história
palavras puras
que encherão a terra.

Não são pés invasores os que cruzam
as novas pontes, nem os terríveis carros
do ódio e da guerra:
são pés pequenos de meninos, firmes
passos de operário.
Sobre as novas pontes
passas, oh primavera,
com tua cesta de pão e teu vestido novo,
enquanto o homem, a água, o vento
amanhecem cantando.

VII. PICASSO

EM VILLAURIS em cada casa
há um prisioneiro.
É o mesmo sempre.
É o fumo.
Às vezes o vigiam

pais de sobrancelhas brancas,
moças de cor de aveia.
Quando passas
notas que os guardiões
do fumo
adormeceram,
e pelos telhados, entre vasilhas quebradas,
uma conversa azul
entre o céu e o fumo.

Mas no lugar em que trabalha
em liberdade o fogo,
e o fumo é uma rosa de alcatrão
que tingiu de negro as paredes,
ali Picasso,
entre as linhas e o inferno,
com seu pão de barro,
cozendo-o,
polindo-o, rompendo-o
até que o barro se torne cintura,
pétala de sirena,
guitarra de ouro úmido.
E então com um pincel o lambe,
e o oceano vem
ou a vindima.
O barro entrega seu cacho oculto
e por fim imobiliza sua anca calcária.

Depois Picasso volta a sua oficina.
Os pequenos centauros que o esperam
crescem, galopam.
O silêncio nasceu
nos ubres
da cabra de ferro.

E outra vez Picasso em sua gruta
entra ou sai deixando
paredes arranhadas,
estalactites vermelhas
ou pisadas genitais.

E durante as horas que seguem
fala com o barbeiro.

VIII. EHRENBURG

QUANTOS CÃES hirsutos,
focinhos de ponta brilhante,
rabos por trás de um móvel,
e logo mais pelos,
mechas cinzentas, olhos
mais velhos que o mundo,
e uma mão
sobre o papel,
implantando a paz,
derrubando mitos,
vomitando fogo e silvando,
ou falando de simples amor
com a ternura
de um pobre padeiro.
É Ehrenburg.
É sua casa
em Moscou.
Ai quantas vezes,
fechado em sua casa,
pensei que não tinha paredes.
Ali entre quatro muros
o rio da vida,
o rio humano

entra e sai deixando
vidas, feitos, combates,
e o antigo Ehrenburg,
o jovem Ilya,
com este rio de terras e vidas
recolhe aqui e além
fragmentos, chispas,
ondas, beijos, chapéus,
e elabora
como um bruxo.
Tudo deita em seu forno,
de dia e de noite.
Dali saltam metais,
saltam espadas rubras,
grandes pães de fogo,
saltam vagas de ira,
bandeiras,
armas para dois séculos,
ferro para milhões,
e ele muito tranquilo,
hirsuto,
com suas mechas cinzentas,
fumando e cheio
de cinza.

De quando em quando
sai do forno
e quando julgas
que te vai fulminar,
o vês andando,
sorridente,
com as mais enrugadas calças do mundo:
vai plantar um jasmim

em sua casa de campo:
abre o vão,
mete as mãos,
como se fossem de seda
trata as raízes,
as enterra,
as rega,
e então com passinhos curtos,
com cinza, com barro, com folhas,
com jasmim, com história,
com todas as coisas do mundo
sobre os ombros,
afasta-se fumando.

Se queres saber algo de jasmins,
escreve-lhe uma carta.

PALAVRAS À EUROPA

EU, americano das terras pobres,
das metálicas mesetas,
onde o golpe do homem contra o homem
se reúne ao da terra sobre o homem.
Eu, americano errante,
órfão dos rios e dos
vulcões que me procriaram,
a vós, simples europeus
das ruas tortuosas,
humildes proprietários da paz e o azeite,
sábios tranquilos como o fumo,
eu vos digo: aqui vim
aprender de vós,
de uns e outros, de todos,
porque de que me serviria

a terra, para que se fizeram
o mar e os caminhos,
senão para ir olhando e aprendendo
de todos os seres um pouco.
Não me fecheis a porta
(como as portas negras, salpicadas de sangue
de minha materna Espanha).
Não me mostreis a gadanha inimiga
nem o esquadrão blindado,
nem as antigas forcas para o novo ateniense,
nas amplas vias gastas
pelo resplendor das uvas.
Não quero ver um soldadinho morto
com os olhos comidos.
Mostra-me de uma pátria a outra
o infinito fio da vida
cosendo o traje da primavera.
Mostra-me uma máquina pura,
azul de aço sob o grosso azeite,
lesta para avançar nos trigais.
Mostra-me o rosto cheio de raízes
de Leonardo, porque esse rosto
é vossa geografia,
e no alto dos montes,
tantas vezes descritos e pintados,
vossas bandeiras juntas
recebendo
o vento eletrizado.

Trazei água do Volga fecundo
à água do Arno dourado.
Trazei sementes brancas
da ressurreição da Polônia,

e de vossas vinhas levai
o doce fogo rubro
ao norte da neve!
Eu, americano, filho
das mais largas solidões do homem,
vim aprender a vida de vós
e não a morte, e não a morte!
Eu não cruzei o oceano,
nem as mortais cordilheiras,
nem a pestilência selvagem
das prisões paraguaias,
para vir ver
junto aos mirtos que só conhecia
nos livros amados,
vossas órbitas sem olhos e vosso sangue seco
nos caminhos.
Eu ao mel antigo e ao novo,
esplendor da vida, vim.

Eu a vossa paz e a vossas portas,
a vossas lâmpadas acesas,
a vossas bodas vim.
A vossas bibliotecas solenes
de tão longe vim.
A vossas fábricas deslumbrantes
chego a trabalhar um momento
e a comer entre os trabalhadores.
Em vossas casas entro e saio.
Em Veneza, na Hungria a bela,
em Copenhague me vereis, em
Leningrado, conversando
com o jovem Pushkin, em Praga
com Fucik, com todos os mortos

e todos os vivos, com todos
os metais verdes do Norte
e os cravos de Salerno.
Eu sou a testemunha que vem
visitar vossa morada.
Oferecei-me a paz e o vinho.

Amanhã cedo me vou.

Me está esperando em toda parte
a primavera.

II. O VENTO NA ÁSIA

I . VOANDO PARA O SOL

DESDE AS EXTENSÕES enrugadas
do Norte, Noroeste, fui voando
até Pequim alaranjado e verde.
Yennan sob meu voo
era uma só casca amarela
de lua mineral e de vazio.
Os motores e o vento,
o sol aéreo,
saudaram a terra sagrada,
as covas desde onde
a liberdade acumulou sua pólvora.
Já os heróis não estavam
entre as cicatrizes da terra:
sua semente
alta e livre crescia
debulhada e reunida.
Ardia a pele seca
do deserto de Gobi, as regiões
das fronteiras lunares,
os ramos arenosos
de teu largo mundo, China,
até que o voo baixo
decifrou as campinas,
as águas, os jardins,
e de repente em tua margem,
Pequim, antigo e novo,
me recebeste. Então
rumor de terra e trigo e primavera,

passos nos caminhos,
ruas povoadas até o infinito,
como se reunisses
num copo puro
todo o rumor da água
para mim levantaste
as vidas de teu povo:
os agudos silvados,
os ruídos do aço,
tremor de céu e seda.
Eu levantei em meu copo
tuas numerosas vidas
e o antigo silêncio.

Era o dom que me davas, uma força
de antiga pedra que canta,
de velho rio que fecunda
a jovem primavera.

Vislumbrei de repente
a velha árvore do mundo
coberta de flores e frutas.
Ouvi de repente
o rio da vida
passar cumulado e firme
de idiomas cristalinos.
Bebi em teu antigo copo
a dura transparência,
o novo dia:
sabor de estrela e terra se fundiram
em minha boca. E divisei teu rosto entre os rostos,
antiga e jovem mãe
sorridente,
semeando com teu traje de guerrilha,

e resguardando o trigo
e a paz de teu povo
com teu sorriso armado
e tua doçura de aço.

II. O DESFILE

DIANTE DE MAO TSE-TUNG
o povo desfilava.
Não eram aqueles
famintos e descalços
que desceram
as áridas gargantas,
que viveram em covas,
que comeram raízes,
e que quando baixaram
foram vento de aço,
vento de aço de Yennan e o Norte.
Hoje outros homens desfilavam,
sorridentes e seguros,
decididos e alegres,
pisando fortemente a terra libertada
da pátria mais larga.

E assim passou a jovem orgulhosa, vestida
de azul operário, e junto a seu sorriso,
como uma cascata de neve,
quarenta mil bocas têxteis,
as fábricas de seda que marcham e sorriem,
os novos construtores de motores,
os velhos artesãos do marfim,
andando, andando
diante de Mao,

toda reunida a China, grão a grão,
de férreos cereais,
e a seda escarlate palpitando no céu
como as pétalas enfim conjugadas
da rosa terrestre,
e o grande tambor pesava
diante de Mao,
e um trovão escuro
dele subia
saudando-o.
Era a voz antiga
da China, voz de coro,
voz de tempo enterrado,
a velha voz, os séculos
o saudavam.
E então como uma árvore
de flores repentinas
os meninos,
aos milhares,
saudaram, e assim
os novos frutos e a velha terra,
o tempo, o trigo,
as bandeiras do homem por fim reunidas,
ali estavam.

Ali estavam, e Mao sorria
porque lá das alturas
sedentas do Norte
nasceu este rio humano,
porque das cabeças
de moças
cortadas pelos norte-americanos
(ou por Chiang, seu lacaio),

nas praças,
nasceu esta vida enorme.
Porque do ensinamento do Partido,
em pequeninos livros mal impressos,
saiu esta lição para o mundo.
Sorria, pensando
nos ásperos anos
passados,
a terra cheia de estrangeiros, fome
nas humildes choças,
o Yang Tsé mostrando em seu lombo
os répteis de aço
encouraçados
dos imperialistas invasores,
a pátria saqueada
e hoje, agora,
limpa a terra,
a vasta China límpida,
e pisando o seu.

Respirando a pátria
desfilavam os homens
diante de Mao
e com sapatos novos
golpeavam a terra,
desfilando,
enquanto o vento nas bandeiras vermelhas
brincava e no alto
Mao Tse-Tung sorria.

III. DANDO UMA MEDALHA À MADAME SUN YAT SEN

ESTA MEDALHA que Ehrenburg te deixou no peito
é uma espiga de ouro da colheita do grande país da
    paz, da União Soviética.

Teu peito é digno desta espiga de ouro, Sung Sin Ling
Nós te conhecemos daqueles tempos em que a China
    despertou,
e logo quando a China foi traída e martirizada,
    uma vez mais pelos seus velhos inimigos,
e desde o primeiro dia te vemos quando a China
    foi libertada na primeira fila, na vanguarda
    com os libertadores
Assim te vemos, querida amiga, ao chegar ao
    aeroporto:
pareceste-nos mais jovem de quanto pensamos e
    mais simples,
como teu povo que sofreu e combateu tanto
e que, na vitória, sorri e saúda todos os povos do
    mundo.

Nós, os homens da Latino-América, conhecemos
    vossos inimigos.
Nosso continente tem toda a riqueza, o petróleo,
    o cobre, o açúcar, o nitrato, o estanho,
mas tudo isto pertence a nossos inimigos, aos mesmos
    que expulsastes para sempre.
Enquanto nossa gente dos campos e aldeias não tem
    sapatos nem cultura,
eles levantaram, com o produto do saque, casas
    de cinquenta andares em Nova York

e com nossas riquezas fabricaram as armas para
 escravizar outros povos.
Por isso a vitória do povo chinês é nossa vitória.
Por isso a nova China é amada e respeitada
 por todos os povos.
Uns quantos diplomatas em São Francisco e em
 Washington
não querem "reconhecer" a China Popular. Estes
 senhores não sabem que existe.
Poderiam também não "reconhecer" a Terra e apesar
 disso esta se move,
e se move para adiante, não para trás, como eles
 quiseram.

Os senhores de São Francisco não "reconhecem"
 à nova China,
mas poderiam fazer eles uma encosta ao longo da
 América
e se perguntassem a milhões de mineiros, de
 camponeses, ao professor e ao poeta, ao velho
 e ao jovem,
desde o Alaska até o Polo Sul, teriam a resposta:
"Reconhecemos e amamos Mao Tse-Tung. É nosso
 grande irmão".

Por isso, querida amiga da paz, Sung Sin Ling,
esta espiga de ouro que lá da generosa terra de Stalin
chegou a teu peito de mulher grande e simples,
não chegou ali por casualidade ou capricho,
 mas porque te amamos
e amamos a paz que defendes não só para teu povo,
 mas para que todos os povos
se reconheçam e possam construir sua vida livremente.

IV. TUDO É TÃO SIMPLES

DE MANHÃ na aldeia
os meninos e a luz me receberam.
Os camponeses me mostraram todas
suas terras conquistadas,
a colheita comum,
os celeiros, as casas
do proprietário antigo.
Mostraram-me o lugar
em que as mães pobres
despenteavam suas filhas,
ou as vendiam, não faz tanto tempo,
ai! não faz tanto tempo. Agora parece
um sonho mau,
a peste, a fome,
os norte-americanos,
os japoneses, os banqueiros
de Londres e da França,
todos vinham civilizar
a China arrancando-lhe as entranhas,
vendendo-a
nas Bolsas do Mundo,
prostituindo-a em Shanghai.
Queriam fazer dela
um vasto cabaré para as tropas
de desembarque, um lugar
de seda e fome.
Iam os esqueletos
junto ao rio
amontoando-se,
as aldeias choravam
fumaça negra
e pestilência.

"Aai!, como cabem
na morte
tantos mortos da China",
exclamava
a senhora elegante
lendo os jornais.
Junto ao rio os mortos
eram montanhas de cinza, a fome
caminhava nas rotas da China
e em Nova York, Chiang Kai Chek
adquiria edifícios
em sociedade com Truman e Eisenhower.
Cheirava a esterco e ópio
a antiga cidadela
da melancolia.
Os cárceres
se enchiam
também de mortos.
Os estudantes eram degolados
por um decreto norte-americano
na praça do povo,
e enquanto isso a revista *Life*
publicava a foto
de Mme. Chiang Kai Chek, cada vez
mais elegante.
Afasta-te, mau sonho!
Afasta-te da China!
Afasta-te do mundo!

Vem comigo à aldeia!

Entro
e vejo os celeiros,
o sorriso

da China
libertada:
os camponeses
repartiram a terra.
Desde Yennan
desceu a liberdade
com pés descalços ou sapatos rotos
de campônio e soldado.
Oh liberdade da China,
és minha musa,
vais vestida de azul
num caminho
poeirento.
Não pudeste lavar-te
nem secar-te do sangue, mas marchas e marchas
e contigo
a terra escura marcha,
marcha a Bolívia esquecida
pela liberdade, marcha o Chile,
virá o Irã contigo,
entram contigo na aldeia,
com minha musa.
Mocinha vestida
de azul guerreiro,
musa do vento,
das terras livres,
a ti canto:
ao cinturão de couro e a teu rifle,
a tua boca seca,
eu canto.

Musa minha,
entra com fogo e pólvora
em todas as ruas do mundo,

entra com suor e sangue,
já terás tempo
de lavar-te, agora
avança, avança, avança!

Tudo vi na aldeia
da China libertada.
Nada a mim disseram.
Os meninos derramados
não me deixavam transitar.
Comi seu arroz, suas frutas,
bebi seu vinho de arroz pálido.
Tudo me mostraram
com um orgulho
que conheci na Romênia,
que conheci na Polônia,
que conheci na Hungria.
É o orgulho novo
do camponês que à luz do mundo
de manhã,
pela primeira vez vê a farinha,
pela primeira vez olha as frutas,
pela vez primeira vê crescer o trigo,
e então
ainda que seja mais velho que o mundo
te mostra o arroz e as uvas,
os ovos de galinha,
e não sabe que dizer.
Tudo é seu
pela vez primeira.
Todo o arroz,
toda a terra,
toda a vida.

Que fácil é quando se conseguiu
a felicidade, que simples
é tudo.
Quando tu e eu, amor meu, nos beijamos,
que simpleza é ser feliz.
Mas esqueces
quanto andaste
sem encontrar-me
e quantas vezes
te desviaste
até cair cansada.
E pois,
tu não sabias
que eu andava buscando-te
e que meu coração se ia desviando
à amargura
ou ao vazio.
Não sabíamos
que se marchássemos
adiante, adiante,
reto, reto,
sempre, sempre,
tu me encontrarias
e eu te encontraria.
Vês, assim aos povos
lhes sucede:
não sabem,
não compreendem,
podem equivocar-se,
mas andam sempre
e se encontram,
se encontram a si mesmos,

como me encontraste,
e então
tudo parece simples,
mas não foi simples
andar às cegas.

Havia que aprender da vida,
do inimigo, da escuridão,
com seus textos,
e ali estava Mao ensinando
e ali estava o Partido
com sua severidade e sua ternura,
e agora rapazes chineses,
dos campos,
musa jovem,
não esqueçamos:
tudo parece simples
como a água.
Não é verdade.
A luta não é a água,
é o sangue.
Vem de longe.
Há mortos:
nossos irmãos caídos.
Todo o caminho
está cheio de mortos
Que não esqueceremos.
E a aldeia
não é simples,
o ar não é simples,
traz palavras,
traz canções,
traz rostos,

traz dias passados,
traz cárceres,
traz muros
salpicados de sangue
e agora
doce é a aldeia,
doce é a vitória.

Levantemos a taça
pela musa,
pelos que não esquecemos
e os que reconstroem,
pelos que caíram
e continuam vivendo
em toda parte,
porque largo é o mundo
e em toda parte sempre
caiu o sangue,
o mesmo:
nosso sangue.
Agora
entro na aldeia
do campo libertado
e doce é o ar
como nenhum
e respiro a vida,
a terra,
a vitória.
A terra, se estendemos
sobre sua pele as mãos,
é a mesma,
aqui ou em Patagônia
ou nas ilhas do mar.

A terra é sempre
a mesma,
e agora
entrando em tua aldeia,
olor de pão,
olor de fumo,
olor de trigo,
cheiro de água e vinho,
é minha terra,
é toda a terra.
E então
saudei com respeito
o território antigo,
sua beleza,
sua agricultura unânime,
seu rosto e pó e orvalho,
a liberdade brilhando
no sorriso,
e pensei em minhas margens,
em minha bandeira,
em minha areia, em minha espuma,
em todas as minhas estrelas.
E assim nessa manhã
da aldeia da China
entrei cantando,
porque meu coração
se transformou em guitarra
e todas as cordas ressoaram
recordando minha terra,
cantaram
recordando a minha pátria,
além, na América.

Quando alguma vez eu chegar
à casa do povo
em terra livre,
tudo
parecerá tão simples,
tão singelo,
como o beijo que agora
nos damos, amor meu.

V. AS CIGARRAS

ENCHIA a manhã da aldeia
o outono estridente
das cigarras sonoras.
Me acerquei: as cativas
em suas pequenas jaulas
eram a companhia dos meninos,
eram o violoncelo inumerável
da pequena aldeia
e da China o rumor
e o movimento de ouro.

Divisei apenas às prisioneiras
em suas jaulas minúsculas
de bambu fresco,
mas quando voltei para partir,
os camponeses
puseram o castelo de cigarras
em minhas mãos.

Recordo em minha infância os peões
do trem em que meu pai trabalhava,
os coléricos filhos
da intempérie, apenas

vestidos com farrapos,
os rostos maltratados pela chuva ou a areia,
as testas divididas
por cicatrizes ásperas,
e eles me levavam
ovos empavonados de perdiz,
escaravelhos verdes,
cantáridas de cor de lua,
e todo esse tesouro
das mãos gigantes maltratadas
às minhas mãos de menino,
tudo isso
me fez rir e chorar,
me fez pensar e cantar,
lá nos bosques
chuvosos
de minha infância.

E agora
estas cigarras
em seu castelo de bambu oloroso,
do fundo da terra chinesa,
rascando sua estridente
nota de ouro
chegavam às minhas mãos
de mãos batizadas pela pólvora
que conquistou a liberdade, chegavam
lá das amplas terras
libertadas,
mas eram as mãos do povo,
as grandes mãos,
que nas minhas deixavam
seu tesouro.

Eu recordei minha infância
e quando pela terra
fui medindo
e cantando,
mas nada,
nada
como isto,
este tesouro vivo.
E então comigo andaram,
me acompanharam
durante meus dias de China.

Na manhã, em minha peça de hotel,
trinta cigarras
diziam meu nome
com um som agudo
de aço verde
e eu lhes dava folhas
que comiam,
tirando de suas jaulas pequenas máscaras
de guerreiros pintados, e na tarde,
quando nas vastas terras
o sol tombava,
um dia mais havia afirmado na pátria
a liberdade do povo.

Em minha janela
as cigarras com uma só voz
metálica
cantavam
para os campos,
para os meninos,
para as outras cigarras,
para as folhas e para as colheitas,

para toda a terra:
despediam o dia
com a altura incrível de seu canto,
e assim, de minha janela,
de dia e de noite,
te saudava, China,
uma voz da terra
que as mãos do povo
me entregaram,
uma multiplicada voz que vai cantando
comigo, nos caminhos.

VI. CHINA

CHINA, por muito tempo nos mostraram tua efígie
pintada especialmente para ocidentais:
eras uma velhinha enrugada,
infinitamente pobre,
com uma tigela vazia de arroz
na porta de um templo.

Entravam e saíam os soldados
de todos os países,
o sangue salpicava as paredes,
te saqueavam como a casa sem dono,
e davas ao mundo um aroma estranho,
mescla de chá e cinza,
enquanto na porta do templo com teu prato
vazio, nos fitavas com teu olhar antigo.
Em Buenos Aires se vendia teu retrato
feito especialmente para senhoras cultas,
e nas conferências tuas sílabas mágicas
surgiam de repente como luz enterrada.

Todos sabiam algo das dinastias
e ao dizer Ming ou Celadom franziam os lábios
como se comessem um morango,
e assim querias que para nós fosses
uma terra sem homens, uma pátria
onde o vento entrava pelos templos vazios
e saía cantando, só, pelas montanhas.

> Queriam que acreditássemos
> que dormias,
> que dormirias com um sonho eterno,
> que eras a "misteriosa",
> intraduzível, estranha,
> uma mãe mendiga com farrapos de seda,
> enquanto isso de cada um de teus portos
> se afastavam os barcos carregados de tesouros
> e os aventureiros entre si disputavam
> tua herança: minerais
> e marfins, planejando,
> depois de sangrar-te, como levariam
> um bom barco carregado com teus ossos.

VII. A GRANDE MARCHA

MAS OCORRIA algo no mundo.
Teu retrato não nos satisfazia.
Era formosa tua pobre majestade,
mas não nos bastava.
A bandeira soviética ondulava
beijada pela pólvora
entre os corações dos homens.
Tu, China, nos faltavas, e através dos mares

ouvimos de repente que a voz do vento
já não cantava só por teus largos caminhos.

Incorpora-se Mao
e ao longo da China
e ao longo
de tantos sofrimentos,
vimos subir seus ombros
envoltos pela aurora.
De longe, da América, a cuja margem
meu povo escuta cada onda do mar,
vimos surgir sua tranquila cabeça,
e seus sapatos dirigirem-se rumo ao Norte.
Para Yennan com poeirento traje
se encaminha seu grave movimento:
e vimos desde então que as nuas terras
da China lhe entregavam homens,
pequenos homens, enrugados velhos,
sorrisos infantis.

Vimos a vida.

Não estava só o velho território.
Não era a lua de água
enchendo a espectral arqueologia.
De cada pedra um homem,
um novo coração com um fuzil,
e te vimos povoada, China, pelos teus soldados,
pelos teus, enfim, comendo pasto,
sem pão, sem água, andando o comprido dia
para que a aurora pudesse nascer.

VIII. O GIGANTE

NÃO ERAS mistério, nem jade celeste.
Eras como nós, povo puro,
e quando pés descalços e sapatos,
camponês e soldado, na distância
marcharam defendendo
tua inteireza, vimos o rosto,
vimos as mãos
do que trabalha o ferro, nossas mãos,
e no longo caminho distinguimos
os nomes de teu povo: eram os nossos.
Soavam de outro modo, mas sob
as sílabas agudas,
eram por fim os rostos e os passos
que com Mao marchavam
através do deserto e da neve
para preservar o germe
de nossa própria primavera.

Alto estava o gigante medindo passo a passo
seu arroz, seu pão, sua terra, sua morada,
e foi reconhecido pelos povos do mundo:
"Como cresceste de repente, irmão".
Mas também o fitou o inimigo.

Cá dos bancos cinzentos de Nova York e a City
as algibeiras que ali se alimentam de sangue
se disseram com medo: Quem é este?

O tranquilo gigante não respondeu: Olhava
as largas terras duras da China. Recolhia
com uma só mão todo o pesadume
e a miséria, e com a outra

mostrava o vermelho trigo de manhã,
tudo o que a terra entregaria,
e no seu grande rosto foi crescendo
um sorriso que ondulava ao vento,
um sorriso como um cereal,
um sorriso como estrelas de ouro
sobre todo o sangue derramado.
E assim se levantaram suas bandeiras.
Já os povos te viram limpar tua vasta terra,
unidade, furacão na ameaça,
martelo sobre o mal, luz vencedora
sobre o velho inimigo, vitoriosa.

IX. PARA TI AS ESPIGAS

REPÚBLICA, estendeste
teus amplos braços por todo teu corpo
e fundaste a paz em teu destino!
Os perversos que vêm de mais além do mar
para saquear tua existência, foram bem recebidos,
e rumo à Formosa acorrentada voam
para alimentar o ninho de escorpiões.
Logo desceram à Coreia. Sangue
e pranto e destruição, sua acostumada
tarefa: paredes vazias e mulheres mortas,
mas de repente um dia
chegou o baluarte de teus voluntários
para cumprir a sagrada fraternidade do homem.

De mar a mar, de terra a neve,
todos os homens te contemplam, China.
Que poderosa irmã jovem nos nasceu!

O homem nas Américas, inclinado em seu sulco,
rodeado pelo metal de sua máquina ardente,
o pobre dos trópicos, o valente
mineiro da Bolívia, o largo operário
do profundo Brasil, o pastor
da Patagônia infinita,
te olham, China Popular, te saúdam
e comigo te enviam este beijo em tua fronte.

Não és para nós o que quiseram: a imagem
de uma mendiga cega junto ao templo,
mas uma forte e doce capitã do povo,
ainda com tuas vitoriosas armas em uma das mãos,
com um crescente ramo de espigas no peito
e sobre tua cabeça
a estrela de todos os povos!

III. REGRESSOU A SIRENA

I. EU CANTO E CONTO

DESDE O ESTIO báltico,
azul aço, âmbar e espuma,
até onde os Cárpatos coroam
as fontes da Polônia
com os diademas pálidos da Europa,
eu atravessei a terra
dos martírios e dos nascimentos,
a pele esquartejada,
o infinito trigo que renasce,
as grutas do carvão, e me mostraram
antigo sangue na neve,
rascando as campinas,
o homem e sua cozinha sepultados,
o menino e seu pequeno carrinho,
a flor sobre os ossos da mãe.
Testemunha destes dias
sou e sinto e canto
e não há cordas de ouro
para mim neste tempo.
A harpa e sua doçura se queimaram
com o incêndio do mundo
e para contar e cantar ressurreições
vim.

Recebei-me
e vede o que eu tiro da terra arrasada,
um fragmento de violino, um anel morto
e o esquecimento.

Aceitai o que trago,
canto e conto,
porque não só sangue submerso,
ruína, pranto e cinza,
vêm comigo agora.
Trago em meu saco de viagem
a chuva cinza do Norte:
sobre novas sementeiras
cai e cai,
e o pão imenso cresce
como nunca na terra.
O martelo bate,
a pá sobe e desce,
soam as pedras nas construções,
sobe a vida.

Oh Polônia, oh amor,
oh primavera,
vens comigo
para que eu te mostre
contando e cantando
por todos os caminhos,
e no fundo,
mais além dos mortos,
canta e conta a vida,
porque isso é o canto e a conta,
o que me ensinaste,
Polônia, e o que ensino:
a fé na vida, mais profunda
quando de mais longe vim,
da morte,
a fé no homem quando pôde triunfar

do próprio homem,
a fé na casa quando pôde nascer
da cinza imensa,
a fé no canto que se pôde cantar
quando já não havia boca!
Polônia, me ensinaste a ser
de novo
e a cantar de novo,
e isto é o que o viandante com guitarra
tira do saco e o mostra cantando:
a flor indestrutível
e a nova esperança,
as antigas dores sepultadas
e a reconstrução da alegria.

II. PRIMAVERA NO NORTE

EU PERCORRI a primavera
verde e abrasadora
da Polônia.
Tremiam na luz os cereais
da abundância, o leite deslizava
um rio branco
para o mar
lá da agricultura coletiva,
os campos úmidos, olor de chão,
flores como relâmpagos azuis
ou pontuações rápidas de sangue.
Desde o inverno longo os pinhais
moviam seus costados de navio
como embarcando na primavera,
e debaixo, na sombra turbadora,
os morangos entreabriam suas hastes.

O ar era metálico
um ar novo de ressurreição,
porque não só o bosque,
o mar, a terra,
mas o homem,
ali ressuscitavam.
Ali o dilúvio foi de sangue,
a arca clandestina da luta
navegou entre os mortos.
Por isso a violenta primavera
da Polônia tinha
sabor ferruginoso
para minha boca, era
um elétrico líquido,
o beijo da terra,
o coração do homem
na taça estrelada da vida!

III. AS RUÍNAS NO BÁLTICO

GDANSK, atormentado pela guerra,
rosa despedaçada,
como espectro entre espectros,
entre o cheiro marinho
e o alto céu branco,
andei entre tuas ruínas,
entre pedaços de prata alaranjada.
A névoa entrou comigo,
os vapores glaciais,
e errante
desenlacei as ruas
sem casas e sem homens.
Eu conheço a guerra

e esse rosto sem olhos e sem lábios,
essas janelas mortas
as conheço,
vi-as em Madri, em Berlim, em Varsóvia,
mas esta gótica nave
com sua cinza de tijolos vermelhos
junto ao mar, na porta
das antigas viagens,
esta figura mercantil de proa,
balandra verde dos mares frios,
com suas dilacerantes aberturas,
seus muros em munhões,
seu orgulho demolido,
me entraram na alma
com rajadas de neve, pó e fumo,
algo enceguecedor, desesperado.
A casa das agremiações
com seus sinais caídos,
os bancos em que o ouro tilintava
tombando na garganta da Europa,
os molhes vermelhos
onde um rio
de cereais trouxe
como uma onda terrestre
o olor do verão,
tudo era pó, montes
de matéria desfeita,
e o vento do Báltico férreo
voando no vazio.

IV. CONSTRUINDO A PAZ

MAS a vida
ali também estava.
Em outra parte e outras horas
de minha vida, a morte
me esperou nas esquinas.
Aqui a vida espera.
Vi em Gdansk a vida
repovoando-se.
Beijaram-me
os motores com lábios de aço.
A água trepidava.
Avistei majestosas
passar como castelos sobre a água
as gruas de ferro marinho,
recém-reconstruídas.
Vi o gigantesco
novelo machucado
do ferro sobre o ferro
bombardeado
dar à luz pouco a pouco
a forma das gruas,
e despertar do fundo da morte
a majestade azul do estaleiro.

Vi com meus olhos
pulular o rocio da onda
na ressurreição das carenas,
das proas bordadas
pelo homem recém-desenterrado.
Vislumbrei
como nascia um porto,
mas não das águas e das terras

lavadas e lustradas,
mas da catástrofe.
E eu te vi, titânica pomba,
branca e azul, marinha,
nascer e levantar-te
voando firme e forte
lá da destruição emaranhada
e da sangrenta solidão
do vento e das cinzas!

V. OS BOSQUES

PARA OS BOSQUES frios e os lagos
do Norte verde,
as águas masurianas,
entrando em toda parte,
tanques amplos invadidos
pelo pálido céu,
lagoas como agulhas,
todas as formas plácidas da água
ali ficaram como se uma estrela
se houvesse destroçado
ou lua verde em gotas
caindo da altura.
Formoso é o ar, e o vento
penteia as eriçadas cabeleiras
dos pinhais acerados.
Formoso é o ar, fresco
e azul sob os pinheiros.

De repente o vento traja
seu trêmulo vestido
de oxigênio e agulhas.
Solene é o vento na selva.

Faz pequenos ruídos
como cartas que tombam,
ou ressoa com um pranto de garrafa
ou brita pedras, busca
fragmentos de madeira
que arrasta com mãos de pai
ou sopra e sobe
de uma árvore a outra
espantando os pássaros.

Formoso é o vento do Norte,
irmão da neve,
na profundidade dos pinhais.
E marcho sem chapéu.
Em minha cabeça o ar
me coroa de frio,
novos lábios me mordem.
Entro cantando
no frescor verde
como num alto oceano.
Canto
e piso a erva
recém-condecorada
com pequenas estrelas amarelas.
Formoso Norte de largos ombros,
de lagos e pinhais,
te saúdo:
deixa-me respirar-te,
andar entre os pinheiros e as águas
cantando e silvando
e descansar em tua molhada alfombra
como uma árvore caída
sob teu sonho verde.

VI. REGRESSOU A SIRENA

AMOR, como se um dia
morresses,
e eu cavasse
e eu cavasse
noite e dia
em teu sepulcro
e te recompusesse,
levantasse teus seios desde o pó,
a boca que adorei, de suas cinzas,
construísse de novo
teus braços e tuas pernas e teus olhos,
tua cabeleira de metal torcido,
e te desse a vida
com o amor que te ama,
te fizesse andar de novo,
palpitar outra vez em tua cintura,
assim, amor, levantaram de novo
a cidade de Varsóvia.

Eu chegaria cego em tuas cinzas
mas te buscaria,
e pouco a pouco irias elevando
os edifícios doces de teu corpo,
e assim encontraram eles
na cidade amada
só vento e cinza,
fragmentos arrasados,
carvões que choravam na chuva,
sorrisos de mulher sob a neve.
Morta estava a formosa,
não existiam janelas,

a noite se encostava sobre a branca morta,
o dia iluminava a campina vazia.

E assim a levantaram,
com amor, e chegaram
cegos e soluçantes,
mas cavaram fundo,
limparam a cinza.
Era tarde, a noite,
o cansaço, a neve
detinham a pá,
e eles cavando acharam
primeiro a cabeça,
os alvos seios da doce morta,
seu traje de sirena,
e por fim o coração sob a terra,
enterrado e queimado mas vivo,
e hoje pulsa vivo, palpitando no meio
da reconstrução de sua beleza.

Agora compreendes como
o amor construiu as avenidas,
fez cantar a lua nos jardins.
Hoje quando
pétala a pétala tomba a neve
sobre os telhados e as pontes
e o inverno bate
às portas de Varsóvia,
o fogo, o canto
vivem de novo nos lares
que edificou o amor sobre a morte.

Ai daqueles que fugiram e creram
escapar com a poesia:

não sabem que o amor está em Varsóvia,
e que quando a morte ali foi derrotada,
e quando o rio passa,
reconhecendo seres e destinos,
como duas flores de perfume e prata,
cidade e poesia,
em suas cúpulas claras
guardam a luz, o fogo e o pão de seu destino.

Varsóvia milagrosa,
coração enterrado
de novo vivo e livre,
cidade em que se prova
como o homem é maior
que toda a desventura,
Varsóvia, deixa-me
tocar teus muros.
Não estão feitos de pedra ou de madeira,
de esperança estão feitos,
e o que tocar queira a esperança,
matéria firme e dura,
terra tenaz que canta,
metal que reconstrói,
areia indestrutível,
cereal infinito,
mel para todos os séculos,
martelo eterno,
estrela vencedora,
ferramenta invencível,
cimento da vida,
a esperança,
que aqui a toquem,
que aqui sintam nela como sobe

a vida e o sangue de novo,
porque o amor, Varsóvia,
levantou tua estátua de sirena
e se toco teus muros,
tua pele sagrada,
compreendo
que és a vida e que nos teus muros
morreu, por fim, a morte.

VII. CANTA A POLÔNIA

A GUERRA ali no fundo
dos grandes bosques,
a guerra junto à água
lenta e multiplicada
saiu para insultar-me, no meio
da paz
no reino silvestre:
ali estava.
Goering havia deixado
seus cubos de cimento.
Ali estava a horrível arquitetura
inumana, angulosa,
ranhuras entreabertas
como olhos de réptil, formas nuas
da crueldade, ali, escondido,
nas novas covinhas das feras
planejaram o ataque
contra a luz soviética.
Ali do fundo da sombra
atacaram a estrela
reunindo toda força repulsiva,
unindo os vermes e o veneno,

as chamas destruidoras,
os planos da morte.

Já o bosque ia cobrindo
com seu esplendor obscuro
os sinais malignos,
mas ali agazapados os fortins,
as redes rotas que os escondiam
eram a voz do metal terrível,
a boca desdentada da guerra.

Como hoje nas tranquilas salas claras
dos colégios militares
da América do Norte,
com obstinada precisão se estuda
o poder do micróbio
para que às aldeias
entre com sua carga de vômitos
e assassine os meninos com a água,
assim os pensamentos do incêndio
e do assassinato se incubaram
nestas grutas dos bosques frios.

Mas a onda assassina se deteve
contra um muro de pedra:
a unânime muralha
do socialismo, o peso
do punho de Stalin,
e do Este nevado
voltou a paz ao bosque.
Os invasores que daqui saíram
não regressaram, mas
o ar luminoso
de Stalingrado veio,

atravessou os bosques da Polônia,
abriu as portas
do invasor sanguinário
e crescem desde então
as lianas no bosque,
a água espera as folhas que caem,
os esquilos elétricos
dançam com traje novo.
Denso é o ar como um líquido
que enchesse a taça da terra,
fundem-se meus passos no musgo
como se caminhasse no esquecimento,
um pedaço de lenha
se encheu de aderências
como um violino de música,
as folhas tecem fios que atravessam
de uma árvore a outra
fiando o perfurado
silêncio da selva.

Ao pé do bosque as campinas
sentem nascer o trigo,
mais além o carvão corre
para o aço,
as cidades se povoam,
marcha o homem,
marcham os homens,
crescem as naves,
de noite o céu mostra
a Polônia com longa
luz de estrelas
dizendo: "Homens de todas
as terras e os mares,

vede como cresce
a filha do aço".

E a lua se assombra
porque no vazio
de ontem, carbonizado,
hoje um telhado devolve
a doce luz noturna,
o sol entra cedo
nas padarias,
senta-se nas escolas,
vive a vida,
constrói o homem,
o braço duro enlaça
um talhe de pomba.

Bom dia, Polônia!
Boa noite, Polônia!
Até amanhã, te amo!
Bons dias e noites!
Bons anos e séculos!
Te amo, Polônia, e de ti me despeço
levando uma flor e deixando em tua testa
um longo beijo que tomou a forma
de todos os meus beijos: de um canto.

IV. O PASTOR PERDIDO

VOLTA ESPANHA

Espanha, Espanha coração violeta,
me faltaste ao peito, tu me faltas
não como falta o sol na cintura
mas como o sal na garganta,
como o pão nos dentes, como o ódio
na colmeia negra, como o dia
em cima dos sobressaltos da aurora,
mas não é isso ainda, como o tecido
do elemento visceral, profunda
pálpebra que não fita e que não cede,
terreno mineral, rosa de osso
aberta em minha razão como um castelo.

A quem posso chamar senão à tua boca?

Tenho outros lábios que me representem?

Estás abandonada ou estou mudo?

Que significa tua calada esfera?

Aonde vou sem tua voz, areia mãe?

Que sou sem teu fanal crucificado?

Onde estou sem a água de tua rocha?

Que és tu se não me deste sangue?

Oh tormento! Recobra-me, recebe-me
antes que meu nome e minhas espigas
desapareçam na primavera.
Porque a tuas solidões iradas

*vai meu destino acorrentado, ao peso
de tua vitória. A ti vou conduzido.*

*Espanha, és mais grave que uma data,
que uma adivinhação, que uma tormenta,
e não importa a torre desapiedada
de tua perdida voz, mas a dura
resistência, a pedra que sustenta.*

*Mas por que, se sou areia tua,
água em tuas águas, sangue em tuas feridas,
hoje me recusas a boca que me chama,
tua voz, a construção de minha existência?*

*Peço ao que em teu ser é minha substância,
a teu dilaceramento de facas,
que se abram hoje, sobre a desventura,
as iluminações de teu rosto,
e te levantes, perfurando o céu,
rompendo as trevas e os sinais,
até surgir, farinha e alvorada,
lua acesa sobre os ossários.*

*Matarás. Mata, Espanha, santa virgem,
levanta-te empunhando a ternura
como uma cega rosa desatada
sobre as pedrarias infernais.*

*Vem a mim, devolve-me a torre
que me roubaram,*
                         *devolve-me a língua
e o povo que me esperam, espanta-me
com a unidade final de tua formosura.
Levanta-te em teu sangue e em teu fogo:
o sangue que deste, o primeiro,
e o fogo, ninho de tua luz sagrada.*

I. SE EU TE RECORDASSE

ESPANHA, não há lembranças
tuas, não és memória.
Se quero recordar
os acasos
ou o mercado amarelo
ou as ácidas sombras de Valência,
fecho a testa,
abro os olhos
e mordo a boca.
Não, não tenho lembranças.
Não quero nada com tua forma seca
nem com tua generosa cabeleira,
não quero tuas espigas,
não quero ir recolhê-las
na melancolia de um caminho.
Te quero intacta, inteira,
a mim restituída
com feitos e palavras,
com todos teus sentidos,
desenlaçada e livre,
metálica e aberta!
Granada vermelha e dura,
topázio negro, Espanha,
amor meu, anca
e esqueleto do mundo,
guitarra incandescente,
fogo sem mutilar, oh dolorosa
pedra amada,
se eu te recordasse
o coração me sangraria
e necessito de sangue

para reconquistar tuas belezas,
para que teu silêncio
de repente se ajoelhe
vencido, terminado,
e se ouça a voz de teus povoados
no coro novo do mundo.

II. CHEGARÁ NOSSO IRMÃO

HÁ algo,
fermentações, lágrimas,
luas, prantos, dores.
Adverte-se
que acontece algo,
um ponto, algo
como um cometa
de cor escarlate:
são todas as tuas estrelas,
Espanha,
teus homens, tuas mulheres,
Espanha.
Há um oceano,
um vasto vento elétrico
que fabrica relâmpagos,
algo cresce em teu ventre,
Espanha.
Reconhecemos
o irmão que vem,
levanta-o à luz,
nutre-o com teu sangue,
que corra
apenas se nascido,
que morra

agora,
dá-lhe
leite de pedra selvagem,
força de terra atômica,
dá-lhe todos teus ossos,
os ossos que não esquecem,
dá-lhe as órbitas abertas
de nossos fuzilados,
dá-lhe tua vida e a minha,
se a queres,
e então,
entrega-lhe facas,
fuzis escondidos.
Arranha
sob teu leito,
busca
nas sementeiras,
tira do ar as armas,
e deixa-o que lute,
Espanha, que lute teu filho,
que lute teu filho, Espanha.
Rompe
teu cárcere, abre
todos teus olhos,
levanta
teu antigo coração
porque essa é tua bandeira,
a nova estrela no meio
de teu sangue vertido.
Levanta-te
e clama,
levanta-te

e derruba,
levanta-te e constrói,
segadora,
deita ao mundo teu filho,
amassa teu pão de novo,
a terra está esperando
tuas mãos e tua farinha.
É tua vitória
a que nos faz falta,
a que buscamos antes de dormir,
a que esperamos
antes de despertar.
Tua vitória esquecida
vai errante nos caminhos,
deixa-a entrar,
deixa entrar tua vitória,
abre as portas,
que teu filho abra a porta
com régias rubras mãos de mineiro,
que se abram as portas da Espanha,
porque essa é a vitória
que nos falta
e sem esta vitória
não há honra na terra.

III. O PASTOR PERDIDO

CHAMAVA-SE Miguel. Era um pequeno
pastor das margens
de Orihuela.
Amei-o e coloquei sobre seu peito
minha masculina mão,

e cresceu sua estatura poderosa
até que na aspereza
da terra espanhola
se destacou seu canto
como um brusco carvalho
no qual se juntaram
todos os enterrados rouxinóis,
todas as aves do sonoro céu,
o esplendor do homem duplicado
no amor da mulher amada,
o zumbido oloroso
das loiras colmeias,
o ágrio cheiro materno
das cabras paridas,
o telégrafo puro
das cigarras vermelhas.
Miguel fez de tudo
– território e abelha,
noiva, vento e soldado –
barro para sua estirpe vencedora
de poeta do povo,
e assim saiu caminhando
sobre os espinhos de Espanha
com uma voz que agora
seus carrascos
têm que ouvir, escutam,
aqueles
que conservam as mãos
maculadas
com seu sangue indelével,
ouvem seu canto
e julgam

que é só terra
e água.
Não é certo.
É sangue,
sangue,
sangue de Espanha, sangue
de todos os povos de Espanha,
é seu sangue que canta
e nomeia
e chama,
nomeia todas as coisas
porque a tudo ele amava,
mas essa voz não esquece,
esse sangue não esquece
de onde vem
e para quem canta.
Canta
para que se abram os cárceres
e ande a liberdade pelos caminhos.
Chama-me
para mostrar todos os lugares
por onde o arrastaram,
a ele, luz dos povos,
relâmpago de idiomas,
para mostrar-me
o presídio de Ocaña,
ali onde gota a gota
o sangraram,
ali onde cercearam
sua garganta,
ali onde o mataram sete anos
encarniçando-se

em seu canto
porque quando mataram esses lábios
apagaram-se as lâmpadas de Espanha.

E assim me chama e me diz:
"Aqui me justiçaram lentamente"
Assim o que amou e levava
sob sua pobre roupa
todos os mananciais espanhóis
foi assassinado sob
a sombra dos muros
enquanto tocavam todos os sinos
em honra do carrasco,
mas
os acasos
deram olor ao mundo aqueles dias
e aquele aroma era
o coração martirizado
do pastor de Orihuela
e era Miguel seu nome.

Aqueles dias e anos
enquanto agonizava,
na história
sepultou-se a luz,
mas ali palpitava
e amanhã voltará.
Aqueles dias e séculos
em que a Miguel Hernández
os carcereiros
deram tormento e agonia,
a terra sentiu falta
de seus passos de pastor sobre os montes

e o guerrilheiro morto,
ao tombar, vitorioso,
escutou da terra
levantar-se um rumor, um latejo,
como se entreabrissem as estrelas
de um jasmim silencioso:
era a poesia de Miguel.
Do fundo da terra falava,
do fundo da terra
falará para sempre,
é a voz de seu povo,
ele foi entre os soldados
como uma torre ardente.

Ele era
fortaleza
de cantos e estampidos,
foi como um padeiro:
com suas mãos fazia
seus sonetos.
Toda sua poesia
tem terra porosa,
cereais, areia,
barro e vento,
tem forma
de jarra levantina,
de anca fornida,
de barriga de abelha,
tem aroma
de trevo na chuva,
de cinza amaranto,
de fumaça de esterco, tarde
nas colinas.

Sua poesia
é milho agrupado
numa espiga de ouro,
é vinha de uvas negras, é garrafa
de cristal deslumbrante
cheia de vinho e água, noite e dia,
é espiga escarlate
estrela anunciadora,
foice e martelo escritos com diamantes
na sombra de Espanha.

Miguel Hernández, toda
a alaranjada greda ou levedura
de tua terra e teu povo
reviverá contigo.
Tu a guardaste
com a mão mais tarda, na agonia,
porque estavas feito
para o amanhecer e a vitória,
estavas feito de água e terra virgem,
de assombro insaciável,
de plantas e de ninhos.
Eras
a germinação invencível
da matéria que canta,
eras
pátria da inteireza e dispuseste
contra os inimigos,
o mouro e o franquista,
uma mão pesada
cheia de trepadeiras e metais.
Com tua espada nos braços, invisível,
morrias,
mas não estavas só.

Não só a erva queimada
nas pobres colinas de Orihuela
espargiram tua voz e teu perfume
pelo mundo.
Teu povo parecia
mudo,
não fitava
tua morte,
não ouvia
as missas do desprezo
mas, anda,
anda e pergunta,
anda e vê se há alguém
que não saiba teu nome.

Todos sabiam,
nos cárceres,
enquanto os carcereiros
jantavam com Cossío,
teu nome.
Era um fulgor molhado
pelas lágrimas
tua voz de mel selvagem.
Tua revolucionária
poesia
era, em silêncio, na cela,
de um cárcere a outro,
repetida,
entesourada,
e agora
desponta o germe,
sai teu grão à luz,
teu cereal violento

acusa,
em cada rua,
tua voz toma o caminho
das insurreições.

Ninguém, Miguel, te esqueceu.
Aqui te levamos todos
na metade do peito.

Filho meu, recordas
quando
te recebi e
te coloquei
minha amizade de pedra nas mãos?
Pois bem, agora,
morto,
tudo me devolves.
Cresceste e crescido,
és,
és eterno,
és Espanha,
és teu povo,
já não podem matar-te.
Já levantaste
teu peito de celeiro,
tua cabeça
cheia de raios vermelhos,
já não te detiveram.
Agora
querem meter-se
como frades tardios
em tua lembrança,
querem regar com baba
teu rosto, guerrilheiro comunista.

Não podem.
Não os deixaremos.
Agora
fica puro,
fica silencioso,
permanece sonoro,
deixa
que rezem,
deixa
que caia o fio negro
de seus catafalcos podres
e bocas medievais.
Não sabem outra coisa.
Já chegará
teu vento,
o vento do povo,
o rosto de Dolores,
o passo vitorioso
de nossa nunca morta
Espanha,
e então,
arcanjo das cabras,
pastor caído,
gigantesco poeta de teu povo,
filho meu,
verás
que teu rosto enrugado
estará nas bandeiras,
viverá nas vitórias,
reviverá quando reviva o povo,
marchará conosco sem que ninguém
possa jamais separar-te do regaço de Espanha.

V. CONVERSA DE PRAGA
(A Julius Fucik)

I. MEU AMIGO DAS RUAS

PELAS RUAS de Praga no inverno diariamente
passei junto aos muros da casa de pedra
em que foi torturado Julius Fucik.
A casa não diz nada, pedra cor de inverno,
barras de ferro, janelas surdas.
Mas diariamente passei por ali,
olhei, toquei os muros, busquei o eco,
a palavra, a voz, a pisada pura
do herói.
E assim saiu seu semblante
uma vez, e suas mãos outra tarde,
e logo todo o homem foi acompanhando-me,
foi acompanhando-me,
através da praça Wencelas, um bom amigo,
comigo pelo velho mercado de Havelska,
pelo jardim de Starhov, de onde
Praga se eleva como uma rosa cinzenta.

II. ASSIM TERIA ACONTECIDO

ASSIM teria acontecido, assim teria acontecido
se não houvesses também, quase invisível,
entrado para sempre na História.
Nos teríamos visto diariamente,
teríamos mudado certos livros que amamos,
se eu te houvesse relatado
contos de pescadores e mineiros

de minha pátria marinha,
e teríamos rido
de tal maneira que os transeuntes
achariam perigosa
nossa grande alegria.

III. TU O FIZESTE

HOUVE muitos homens,
muitos Fucik
que fizeram bem todas as coisas da vida.
Tu, Julius Fucik,
também as fizeste.
Os pequenos e grandes deveres dolorosos
e os indispensáveis
pequenos movimentos,
cumprir, cumprir:
a retidão é um ponto severo
que se repete até ser uma linha,
uma norma, um caminho,
e este ponto o fizeste
como todos os homens simples
por dever e por alegria,
porque assim temos que ser.

IV. O DEVER DE MORRER

MAS quando ao relógio chegou a comprida hora
da morte, cumpriste,
cumpriste com a mesma tranquilidade alegre,
cumpriste com o dever de morrer.
Nada se rompe entre tua vida e tua morte:
é uma só linha sem ruptura

aquela que edificaste.
A linha continua viva,
continua reta e crescente
andando, andando sempre,
de dentro da morte tua até outras vidas,
vagando, vagando sempre, acumulando seres,
acumulando seres, existências,
como um grande rio se enche de outros rios,
como na música o som
se enriquece e se eleva,
assim tua voz, tua vida continuam
andando por toda a terra.
Não são herança mas sangue vivo,
não são lembrança mas ação segura,
e és o herói humano,
não o semideus de pedra,
o que saturou sua dimensão de homem
com todo o conteúdo da vida,
não de sua vida somente
mas também de todas,
de todas nossas vidas,
e em ti a liberdade não são duas asas
num escudo, nem uma estátua morta,
mas a firme mão do Partido
que sustenta a tua
e assim da firmeza,
que em ti cresceu de muitas outras vidas,
as novas vidas recolheram
e semearam sementes.
Os homens continuaram,
desde o minuto em que tombou teu rosto,
a luta, e se tingiu nossa bandeira

com o sangue sagrado
de teu coração invencível.

V. ERAS A VIDA

PELAS RUAS de Praga
tua figura,
não porém um deus alado,
mas o pálido rosto perseguido
que depois da morte nos sorri.
O herói que não leva
em sua cabeça imóvel
os lauréis de pedra esquecida,
mas um chapéu velho
e no bolso o último
recado do Partido,
o clandestino da meia-noite
e a aurora organizada,
a circular que marcha
com sua tinta fresca,
e assim rua após rua
Fucik, com tuas instruções,
Fucik, com teus folhetos,
com teu velho chapéu, sem orgulho
nem humildade, temperando
as armas da resistência,
e andando para a morte
com a tranquilidade do transeunte
que deve vê-la na próxima esquina,
pelas ruas de pérola antiga
do inverno de Praga,
enquanto o inimigo no castelo
ladrava a sua matilha,

de uma rua a outra rua
organizavas
de teu povo a unidade, a vitória
que hoje coroa a paz de tua pátria.

VI. ESTÁS EM TODA PARTE

ESTIRPE de Fucik, linhagem
de alegres silenciosos,
por toda a terra estendeis
o ferro humano inextinguível.
Coreia, terra amada, provaste
aos bestiais invasores
de Filadélfia que a raça
de Fucik, sobre a cinza,
sobre o incêndio e o martírio,
continua acesa e vence a morte.
Longe, no Paraguai obscuro
e venenosamente verde,
os pequenos encarcerados,
os perseguidos na selva,
ao cair sobre as folhas
ensanguentadas, junto ao rio,
fecham para sempre a mesma
boca sobre-humana de Fucik.
No Irã o petróleo
volta às mãos do povo
escrevendo com letras rubras
teu nome, Júlio de Praga.
E a moça do Vietnam
que com doces mãos de flor
maneja a metralhadora,
em sua bolsa arranhada
pelos espinhos da selva,

leva teu livro em caracteres
que não poderias ler:
o livro que nos últimos dias
os justiçados de Atenas
levam escrito nos nobres rostos
para que os assassinos
descubram de novo tuas palavras
sobre o sangue poeirento.

VII. SE LHES FALO...

HÁ mil anos um homem foi crucificado,
morreu em sua fé, pensando mais além da terra.
Sua cruz pesou sobre a vida humana
e amassou a ânsia e a esperança.
Nós teremos milhões de crucificados
e nossa esperança está sobre a terra.
Que levante os olhos o que deseje vê-la.
Dá-me a mão se queres tocá-la.
Nos novos arrozais da China está nossa esperança.
E quando os dentes brancos do arroz sorriem,
não é verdade que a terra está feliz?
Não é verdade que o trigo e a carne, não é verdade
        que a escola,
a casa limpa, o trabalho assegurado e justo,
a paz para os filhos, o amor,
o livro em que a alegria e a sabedoria se juntaram,
não é verdade que são estas as conquistas do homem,
e estas simples verdades compõem nossa esperança?
Por que desejais que aos camponeses *aimarás* da infeliz
        Bolívia,
desfiados pela fome e o frio das
grandes alturas, venha amanhã prometer-lhes o céu?

Já não me crucificaríeis porque eles continuariam
    famintos.
Mas se lhes falo de uma cooperativa agrícola que
vi na Polônia,
onde o leite, o pão e o livro eram tesouros comuns,
então me dareis pauladas nas costas
e me crucificareis se os meus não me defendem.
Temos um crucificado em cada quilômetro de terra,
e perto da próspera Nova York, perto do Stork Club,
crucificam um negro e um branco diariamente.
Mas não ficamos tranquilos
esperando o martírio nem o incenso,
nós lutaremos cada dia de nossa vida,
nós venceremos e agora te chamamos,
e assim lá de sua forca e sua cruz, como a chames
não me importa,
o coração morto de Julius Fucik derrotou seus
    carrascos.

VIII. RADIANTE JULIUS

RADIANTE JULIUS – do favo das vidas
célula férrea e doce, feita de mel e fogo! –
dá-nos hoje como o pão diário
tua essência, tua presença,
tua simples retidão de raio puro.
Vem a nós hoje, amanhã, sempre,
porque, singelo herói,
és a arquitetura
do homem de amanhã.
Quando te feriu a morte, a luz
brilhou sobre o planeta

com a cor de abelha de teus olhos,
e o germe do mel e da luta,
da doçura e da dureza,
ficaram implantados
na vida do homem.
Tua decisão destruiu o medo,
e tua ternura, a escuridão.
Entraste, homem nu,
na boca de nosso inferno
e com o corpo lacerado,
intacto, sem quebrar foi teu gesto
e a verdade ativa
que apesar da morte preservaste.

IX. COM MEU AMIGO DE PRAGA

FELIZ tua pátria, Tchecoslováquia, mãe
de olhos de aço, pétala preferida
da Europa, coroada
pela paz de teu povo!
Doces colinas, águas, telhados vermelhos,
e trêmulos como chuva verde
eleva o lúpulo seus fios verticais,
enquanto em Gotwaldov uma colmeia
de inteligência e de razão sustenta
a nova rosa do trabalho humano.
Oh, Fucik, vem, visita
comigo,
comigo o limpo chão de tua pátria,
verde, branco e dourado,
e nela iluminando-a,
a claridade do povo!
Honra ao novo sulco

e à nova jornada,
e ao aço invencível de Kladno!
Ao homem novo que penetra
nas oficinas e nas praças,
às novas pontes seguras
sobre o tremor do velho rio,
através de Fucik, meu amigo,
meu companheiro silencioso,
que foi comigo mostrando tudo
na cor do inverno de Praga,
com seu velho chapéu invisível
e seu doce sorriso mudo,
pela vida e pela morte,
a herança e o dom que nos fez.
Julius Fucik, eu te saúdo,
Tchecoslováquia renovada,
mãe de rapazes simples,
terra dos calados heróis,
república de névoa e cristal,
cacho, espiga, aço, povo!

VI. É LARGO O NOVO MUNDO

CONTIGO PELAS RUAS

Quero contar e cantar as coisas
da larga terra russa.
Só algumas poucas coisas,
porque não cabem todas em meu canto.
Humildes fatos, plantas,
pessoas,
pássaros,
empresas dos homens.
Muitas sempre existiram,
outras
estão nascendo,
porque aquela é a terra
do nascimento infinito.
E assim começo, andando
contigo pelas ruas,
pelos campos,
perto do mar no inverno.
És meu amigo, vem,
vamos andando.

I. MUDA A HISTÓRIA

ERA o tempo de Pushkin,
a primavera plana,
uma onda de ar
como a vela pura
de um barco transparente
ia pelas campinas
levantando a erva e o aroma
das germinações.

Perto de Leningrado os abetos
dançavam uma valsa lenta
de horizonte marinho.
Rumo a Este
marchavam os motores,
as rodas, a energia,
os rapazes e as moças.
Trepidava a estepe,
os cordeiros punham
sua pontuação nevada
na imensa extensão da ternura.

Vasta é a União Soviética,
como nenhuma terra.
Tem espaço
para a menor flor azul
e para a usina gigante.
Tremem e cantam grandes rios
sobre sua pele extensa
e ali vive
o esturjão que guarda envolto em prata
diminutos cachos
de frescor e delícia.
O urso nas montanhas
vai com pés delicados
como um antigo monge na aurora
de uma basílica verde.
Mas é o homem o rei
das terras soviéticas,
o pequeno homem
que acaba de nascer,
chama-se Ivan ou Pedro,
e chora

e pede leite:
é ele, o herdeiro.

Largo é o reino e afofado
com tapetes de erva e neve.
A noite apenas cobre
com seu diadema frio
a cabeça, o cimo
dos montes Urais,
e o mar lambe o contorno
de gelo ou terra doce,
glaciais territórios
ou países de uva.
Tudo possui:
a terra em movimento
como uma vasta empresa
onde ele deve,
desde que nasce,
cantar e trabalhar,
porque o reino fecundo
é obra de homens.
Antes foi escura a terra,
fome e dor encheram
o tempo e o espaço.
Então na história
veio Lenin,
mudou a terra,
depois Stalin
mudou o homem.
Depois a paz, a guerra,
o sangue, o trigo:
dificilmente tudo
se foi cumprindo

com força e alegria,
e hoje Ivan herdou
de mar a mar a primavera rubra,
por onde te levo pela mão.

Escuta, escuta
este canto de pássaros:
silva a prata no temor molhado
de sua voz matutina,
eu o persigo entre agulhas
e leques de pinheiros
outro canto responde,
povoa-se o bosque
de vozes na altura.
De bosque a bosque cantam
de semana a semana,
de aurora a aurora mudam
trinos recém-nascidos.
De aldeia a aldeia se respondem,
de usina a usina,
de rio a rio,
de metal a metal, de canto a canto.

O vasto reino canta,
se responde cantando.
Orvalho têm as folhas
na manhã clara.
Sabor de estrela fresca
tem o bosque.
Como por um planeta
vai lentamente andando
a primavera pela terra russa,
e espigas e homens nascem
sob seus pés de prata.

II. TRANSIBERIANO

ATRAVESSO o outono siberiano:
cada bétula um candelabro de ouro.
De repente uma árvore negra, uma árvore vermelha,
mostra uma ferida ou uma labareda.
A estepe, o rosto
de áspera imensidade, largura verde,
planeta cereal, terrestre oceano.

Passei de noite
em Novosibirsk, fundada
pela nova energia.
Na extensão suas luzes trabalhavam
no meio da noite, o homem novo
fazendo nova a natureza.
E tu, grande rio Yenisey, me disseste
com ampla voz ao passar, tua palavra:
"Agora não correm em vão minhas águas.
Sou sangue da vida que desperta".

A pequena estação em que a chuva
deixa uma lembrança de água nos rincões
e acima as antigas, doces casas
de madeira, fragmentos dos bosques,
têm hóspedes novos, uma fileira
de ferro: são os novos tratores
que ontem chegaram, rígidos, uniformes
soldados da terra,
armas do pão, exército
da paz e a vida.
Trigos, madeiras, frutos
da Sibéria, bem-vindos
na casa do homem:

ninguém lhes dava direito a nascer,
ninguém podia saber que existíeis,
até que se quebrou a neve
e entre as asas brancas do degelo
entrou o homem soviético
a estender as sementes.
Oh terras siberianas,
na luz amarela
do mais comprido outono da terra,
alegres são as folhas de ouro,
toda a luz os cobre com sua taça entornada!

O trem transiberiano
vai devorando o planeta.
Cada dia uma hora
desaparece diante de nós,
cai atrás do trem,
torna-se semente.
Junto aos Urais
deixamos o bom frio do outono
e antes de Krasnoyarsk, antes de um dia,
a primavera invisível
vestiu de novo seu tíbio traje azul.
Na cabina seguinte
viaja o jovem geólogo
com sua mulher e um menino pequeninho.
A ilha de Sajalin os espera
com seus quarenta graus
de frio e solidão,
mas também esperam os metais
que têm dado referência aos descobridores.

Adiante, menino soviético!
Como venceremos a solidão,

como venceremos o frio,
como ganharemos a paz,
se não vais pelo transiberiano
para fecundar as ilhas?
O trem vai repartindo
até Vladivostok, e ainda
entre os arquipélagos de cor de aço,
os rapazes que mudarão a vida,
que mudarão frio e solidão e vento
em flores e metais.
Adiante, rapazes
que neste trem transiberiano,
ao longo de sete dias de marcha
sonhais sonhos precisos
de ferro e de colheitas.

Adiante, trem siberiano,
tua vontade tranquila
quase dá volta ao globo!

Extensão, ampla terra, percorrendo-te,
resvalando no trem dias e dias,
amei tuas latitudes de estepe,
teus cultivos, teus povoados, tuas usinas,
teus homens reduzindo-te em substância
e teu outono infinito que me cobria de ouro
enquanto o trem vencia a luz e a distância!

Desde agora te levarei em meus olhos,
Sibéria, mãe
amarela, inabarcável
primavera futura!

III. TERCEIRO CANTO DE AMOR A STALINGRADO

STALINGRADO com as asas tórridas
do verão, as brancas
mansões elevando-se:
uma cidade qualquer.
As pessoas apressadas
em seu trabalho.
Um cão cruza
o dia poeirento.
Uma moça corre
com um papel na mão.
Não passa nada,
exceto o Volga
de águas escuras.
Uma a uma as casas
se levantaram
lá do peito do homem,
e voltaram os selos do correio,
os buracos das caixas postais,
as árvores,
voltaram os meninos,
as escolas,
voltou o amor,
as mães
pariram,
voltaram as cerejas
aos ramos,
o vento
ao céu,
e então?

Sim, é a mesma,
não cabe dúvida.
Aqui esteve a linha,
a rua,
a esquina,
o metro e o centímetro
ali onde nossa vida e a razão
de todas nossas vidas
foi ganha
com sangue.
Aqui se cortou o nó
que apertou a garganta
da História.
Aqui foi. Se parece mentira
que possamos
pisar a rua e ver
a moça e o cão,
escrever uma carta,
mandar um telegrama,
mas talvez
para isto,
para este dia igual
a cada dia,
para este sol simples
na paz dos homens
foi a vitória,
aqui, nesta cinza
da terra sagrada.

Pão de hoje, livro de hoje, pinheiro recente
plantado esta manhã,
luminosa avenida
recém-chegada do papel
ali onde o engenheiro

a traçou sob o vento da guerra,
menina que passas, cão
que atravessas o dia poento,
oh milagres,
milagres do sangue,
milagres do aço e do Partido,
milagres de nosso novo mundo.

Ramo de acácia com espinhos e flores,
ali onde, ali onde
terás maior perfume
que neste lugar em que todo perfume foi apagado,
em que tudo caiu
menos o homem,
e homem destes dias,
o soldado soviético?

Oh, ramo perfumado,
cheiras
aqui
mais que uma reunida primavera!

Aqui cheiras a homem e a esperança,
aqui, ramo de acácia,
não pôde queimar-te o fogo
nem sepultar-te o vento da morte.
Aqui ressuscitaste cada dia
sem ter morrido nunca,
e hoje em teu aroma o infinito humano
de ontem e de amanhã,
de passado amanhã,
nos volta para dar sua eternidade florida.
És como a usina de tratores:
hoje florescem de novo
grandes flores metálicas

que penetrarão na terra
para que a semente
seja multiplicada.
Também a usina
foi cinza,
ferro retorcido, espuma
sangrenta da guerra,
mas seu coração não se detém,
foi aprendendo a morrer e a renascer.

Stalingrado ensinou ao mundo
a suprema lição da vida:
nascer, nascer, nascer,
e nascia
morrendo,
disparava
nascendo,
ia de bruços e se levantava
com um raio na mão.
Toda a noite ia sangrando
e já na aurora
podia ceder sangue
a todas as cidades da terra.
Empalidecia com a neve negra
e toda a morte caindo
e quando olhavas
para vê-la tombar, quando chorávamos
seu final de fortaleza,
ela nos sorria,
Stalingrado
nos sorria.

E agora
a morte se foi:
só algumas paredes,

alguma contorção de ferro
bombardeado e retorcido,
só algum rastro
como uma cicatriz de orgulho,
hoje tudo é claridade, lua e espaço,
decisão e brancura,
e no alto
um ramo de acácia,
folhas, flores, espinhos defensores,
a imensa primavera
de Stalingrado,
o invencível aroma
de Stalingrado!

IV. O ANJO SOVIÉTICO

FAZIA cento e cinquenta anos
que jazia enterrado.
Em Petrogrado de seda e sangue
caiu com uma bala suja
em alguma parte do peito.
Passou o tempo.
Por mais de cem invernos caiu neve
sobre telhados e ruas,
mas aberta e sangrando
esteve aquela
pequena ferida vermelha
no peito de pedra, seda e ouro
de Petrogrado. Um fio
de sangue acusava. Ia
e vinha,
subia pelas cúpulas,
corria pela seda
das casacas bordadas,

de repente aparecia
como pedra preciosa
sobre o *decolleté*
de uma beleza,
e ai, era só um coágulo
de sangue que acusava.

Assim era,
assim era o sangue de Pushkin
assassinado,
ia por toda parte
como um fio
infinito.
No silêncio
de Petrogrado, na pedra e a água
da cidade adormecida,
na estátua de Pedro e seu cavalo,
o fio,
o fio de sangue
caminhava,
caminhava procurando.

Até que um dia
amanheceu a aurora disparando.
Nas escadas
do Palácio de Inverno
apareceu um tapete
de estranha contextura:
era homem e cólera,
era esperança e fogo,
eram cabeças jovens e cinzentas,
a fronte dos povos.
E logo Lenin
com uma assinatura
no pé da esperança
mudou a História.

Então
aquele fio de sangue que acusava
retirou-se a seu lugar
e claro, aéreo e vermelho,
o anjo pensativo
viveu de novo.
Pushkin
fitou sua camisa:
já não sangrava o furo sujo
que deixara a bala assassina.
O povo
havia expulso
os espadachins
de casacas vermelhas,
os carrascos
condecorados com gotas de sangue
e agora
com a ferida fechada
recebeu na cabeça
o vento de loureiros
e pôs-se a andar pelas ruas,
acompanhou seu povo.

E, vivo de novo,
fulgurante em sua estátua,
ondulando no céu
como uma grande bandeira,
mesclando-se aos homens
na saída do comércio,
na campina
com o pelo molhado
ou descansando um pouco
junto aos feixes de trigo,
vi o jovem Pushkin.

Meu amigo
não falava,
havia que lê-lo.
Eu caminhei a vasta geografia
da URSS,
olhando-o e lendo-o,
e ele com sua antiga voz me decifrava
as vidas e as terras.
Um repousado orgulho,
como um sonho,
invadia seu rosto
quando a meu lado
ia voando
transparente no ar transparente,
sobre a liberdade espaçosa
das cidades e dos prados.

V. EM SUA MORTE

CAMARADA STALIN, eu estava junto ao mar na
    Ilha Negra,
descansando de lutas e de viagens,
quando a notícia de tua morte chegou como um
    choque de oceano.

Foi primeiro o silêncio, o estupor das coisas, e
    depois chegou do mar uma onda grande.
De algas, metais e homens, pedras, espuma e
    lágrimas estava feita esta onda.
De história, espaço e tempo recolheu sua matéria
e se elevou chorando sobre o mundo
até que diante de mim veio para golpear a costa
e derrubou em minhas portas sua mensagem de luto

com um grito gigante
como se de repente se quebrasse a terra.

Era em 1914.
Nas fábricas se acumulavam sujeiras e dores.
Os ricos do novo século
repartiam-se a dentadas o petróleo e as ilhas, o cobre
 e os canais.
Nem uma só bandeira levantou suas cores
sem os respingos do sangue.
De Hong Kong a Chicago a polícia
buscava documentos e ensaiava
as metralhadoras na carne do povo.
As marchas militares desde a aurora
mandavam soldadinhos para morrer.
Frenético era o baile dos estrangeiros
nas boates de Paris cheias de fumo.
Sangrava o homem.
Uma chuva de sangue
caía do planeta,
manchava as estrelas.
A morte estreou então armaduras de aço.
A fome
nos caminhos da Europa
foi como um vento gelado aventando folhas secas e
 quebrantando ossos.
O outono soprava os farrapos.
A guerra havia eriçado os caminhos.
Olor de inverno e sangue
emanava da Europa
como de um matadouro abandonado.
Enquanto isso os donos
do carvão,

do ferro,
do aço,
do fumo,
dos bancos,
do gás,
do ouro,
da farinha,
do salitre,
do jornal *El Mercurio,*
os donos de bordéis,
os senadores norte-americanos,
os flibusteiros
carregados de ouro e sangue
de todos os países,
eram também os donos
da História.
Ali estavam sentados
de fraque, ocupadíssimos
em dispensar-se condecorações,
em presentear-se cheques na entrada
e roubá-los na saída,
em presentear-se ações da carnificina
e repartir-se a dentadas
pedaços de povo e de geografia.

Então com modesto
vestido e gorro operário,
entrou o vento,
entrou o vento do povo.
Era Lenin.
Mudou a terra, o homem, a vida.
O ar livre revolucionário
transtornou os papéis

manchados. Nasceu uma pátria
que não deixou de crescer.
É grande como um mundo, mas cabe
até no coração do mais
humilde
trabalhador de usina ou de oficina,
de agricultura ou barco.
Era a União Soviética.

Junto a Lenin
Stalin avançava
e assim, com blusa branca,
com gorro cinzento de operário,
Stalin,
com seu passo tranquilo,
entrou na História acompanhado
de Lenin e do vento.
Stalin desde então
foi construindo. Tudo
fazia falta. Lenin
recebeu dos czares
teias de aranha e farrapos.
Lenin deixou uma herança
de pátria livre e vasta.
Stalin a povoou
com escolas e farinha,
imprensas e maçãs.
Stalin desde o Volga
até a neve
do Norte inacessível
pôs sua mão e em sua mão um homem
começou a construir.
As cidades nasceram.

Os desertos cantaram
pela primeira vez com a voz da água.
Os minerais
acudiram,
saíram
de seus sonhos escuros,
levantaram-se,
tornaram-se trilhos, rodas,
locomotivas, fios
que levaram as sílabas elétricas
por toda a extensão e distância.
Stalin
construía.
Nasceram
de suas mãos
cereais,
tratores,
ensinamentos,
caminhos,
e ele ali
simples como tu e como eu,
se tu e eu conseguíssemos
ser simples como ele.
Porém o aprenderemos.
Sua simplicidade e sua sabedoria,
sua estrutura
de bondoso coração e de aço inflexível
nos ajuda a ser homens cada dia,
diariamente nos ajuda a ser homens.

Ser homens! É esta
a lei staliniana!
Ser comunista é difícil.

Há que aprender a sê-lo.
Ser homens comunistas
é ainda mais difícil,
e há que aprender de Stalin
sua intensidade serena,
sua claridade concreta,
seu desprezo
ao ouropel vazio,
à oca abstração editorial.
Ele foi diretamente
desenlaçando o nó
e mostrando a reta
claridade da linha,
entrando nos problemas
sem as frases que ocultam
o vazio,
direto ao centro débil
que em nossa luta retificaremos
podando as folhagens
e mostrando o desígnio dos frutos.
Stalin é o meio-dia,
a madureza do homem e dos povos.
Na guerra o viram
as cidades queimadas
extrair do escombro
a esperança,
refundida de novo,
fazê-la aço,
e atacar com seus raios
destruindo
a fortificação das trevas.

Mas também ajudou as macieiras
da Sibéria
a dar suas frutas debaixo da tormenta.

Ensinou a todos
a crescer, a crescer,
plantas e metais,
criaturas e rios
ensinou-lhes a crescer,
a dar frutos e fogo.
Ensinou-lhes a Paz
e assim deteve
com seu peito estendido
os lobos da guerra.

Diante do mar de Ilha Negra, na manhã,
icei em meia haste a bandeira do Chile.
Estava solitária a costa e uma névoa de prata
se mesclava à espuma solene do oceano.
Em metade do seu mastro, no campo de azul,
a estrela solitária de minha pátria
parecia uma lágrima entre o céu e a terra.
Passou um homem do povo, saudou compreendendo,
e tirou o chapéu.
Veio um rapaz e me apertou a mão.

Mais tarde o pescador de ouriços, o velho búzio
e poeta,
Gonzalito, acercou-se para acompanhar-me sob a bandeira.
"Era mais sábio que todos os homens juntos", me disse
olhando o mar com seus velhos olhos, com os velhos
olhos do povo.
E logo por longo instante não nos falamos nada.

Uma onda
estremeceu as pedras da margem.
"Porém Malenkov agora continuará sua obra",
        prosseguiu
levantando-se o pobre pescador de jaqueta surrada.
Eu o fitei surpreendido pensando: como, como o
        sabe?
De onde, nesta costa solitária?
E compreendi que o mar lhe havia ensinado.

E ali velamos juntos, um poeta,
um pescador e o mar
ao Capitão remoto que ao entrar na morte
deixou a todos os povos, como herança, a vida.

VII. A PÁTRIA DO CACHO

I. A TÚNICA VERDE

Eu nos caminhos,
nos montes andei.
As vinhas me cobriram com sua túnica verde,
provei o vinho e a água.
Em minhas mãos
voou a farinha, resvalou o azeite,
mas
é o povo da Itália
a produção mais fina da terra.
Andei pelas fábricas,
conversei com os homens,
conheço o sorriso
branco dos enegrecidos rostos,
e é como farinha dura este sorriso:
a áspera terra é seu moinho.
Vaguei
entre os pescadores nas ilhas,
conheço o canto
de um homem só,
só nas solidões pedregosas,
subi as redes do pescado,
vi nas ladeiras calcinadas
do sul, rasgar a entranha
da terra mais pobre.
Vi o lugar
em que meu amigo o guerrilheiro Benedetti
imóvel com seu explosivo na mão
deixou ali para sempre

o rosto mas não o sorriso.
Por toda a parte
toquei
a matéria humana
e este contato
foi para mim como terra nutriz.
Eu havia andado muito
conversando com trajes,
saudando chapéus,
dando a mão a luvas.
Andei muito
entre homens sem homem,
mulheres sem mulher,
casas sem portas.
Itália, a medida
do homem simples elevas
como o celeiro ao trigo,
acumulando grãos,
caudal, tesouro puro,
germinação profunda
da delicadeza e a esperança.
Nas manhãs
a mais antiga
das mulheres, cinza cor de oliva,
me trazia
flores de rocha, rosas arrancadas
ao difícil perfil das lombas.
Rosas e azeite verde eram os dons
que eu recolhi, mas
sobretudo
sabedoria e canto
aprendi de tuas ilhas.

Aonde vá levarei em minhas mãos
como se fosse o tato
de uma madeira pura,
musical e fragrante
que guardassem meus dedos,
o passo dos seres,
a voz e a substância,
a luta e o sorriso,
as rosas e o azeite,
a terra, a água, o vinho
de tua terra e teu povo.
Eu não vivi com as estátuas quebradas
nem com os templos cuja dentadura
caiu com suas antigas hierarquias.
Eu não vivi tampouco
só de azul e aroma,
recebi as fundas sacudidas
do oceano
humano:
na maior miséria
dos desmantelados arrabaldes
meti meu coração
como uma rede noturna,
e conheço as lágrimas e a fome
dos meninos,
mas
também conheço o passo
da organização e a vitória.
Eu não deixei meu peito
como uma lira imóvel
desfazer-se em doçura,
mas também caminhei pelas usinas

e sei que o rosto
da Itália mudará. Toquei no fundo
a germinação incessante
do amanhã, e espero.
Eu me banhei nas águas
de um manancial eterno.

II. CABELEIRA DE CAPRI

CAPRI, rainha do penedo,
em teu vestido
de cor amaranto e açucena
vivi desenvolvendo
a ventura e a dor, a vinha cheia
de radiantes cachos
que conquistei na terra,
o trêmulo tesouro
de aroma e cabeleira,
lâmpada zenital, rosa estendida,
favo de meu planeta.
Desembarquei no inverno.
Seu traje de safira
a ilha em seus pés guardava,
e nua surgia em seu vapor
de catedral marinha.
Era de pedra sua formosura. Em cada
fragmento de sua pele reverdecia
a primavera pura
que escondia nas gredas seu tesouro.
Um relâmpago vermelho e amarelo
sob a luz tênue
jazia sonolento

esperando a hora
para desencadear seu poderio.
Na margem de pássaros imóveis,
na metade do céu,
um rouco grito, o vento
e a indizível espuma.
De prata e pedra teu vestido, apenas
a flor azul rebenta
bordando o manto hirsuto
com seu sangue celeste.
Oh solidão de Capri, vinho
das uvas de prata,
taça de inverno, plena
de exercício invisível,
levantei tua firmeza,
tua delicada luz, tuas estruturas,
e teu álcool de estrela
bebi como se fosse
nascendo em mim a vida.

Ilha, de tuas paredes
desprendi a pequena flor noturna
e a guardo em meu peito.
E lá do mar girando em teu contorno
fiz um anel de água
que ali ficou nas ondas,
encerrando as torres orgulhosas
de pedra florescida,
os gretados píncaros
que a meu amor sustiveram
e guardarão com mãos implacáveis
o rasto de meus beijos.

III. A POLÍCIA

NÓS somos
da polícia.
– E você? Quem é?
Donde vem, aonde
pretende dirigir-se?
Seu pai? Seu cunhado?
Com quem dormiu as sete noites últimas?
– Eu dormi com meu amor, eu sou talvez,
talvez, talvez,
sou da Poesia –
E assim uma gôndola
mais negra que as outras
atrás de mim os transportou em Veneza,
em Bolonha, na noite,
no trem: sou uma sombra errante
seguida pelas sombras.
Eu vi em Veneza, erguido o Campanile
elevando entre as pombas de São Marcos
seu tricórnio de polícia.
E Paulina, nua, no museu,
quando beijei sua bela boca fria
me disse: Tem em ordem seus papéis?
Na casa de Dante
sob os velhos telhados florentinos
há interrogatórios, e David
com seus olhos de mármore, sem pupilas
se esqueceu de seu pai, Buonarrotti,
porque o compelem diariamente a contar
o que com olhos cegos fitou.
No entanto aquele dia
em que me trasladaram à fronteira suíça

a polícia se deu conta de repente
que lhe saía no encalço
a militante poesia.
Não esquecerei a multidão romana
que na estação, de noite,
arrancou-me das mãos
da perseguidora polícia.

Como esquecer o gesto guerrilheiro
de Guttuso e o rosto de Giuliano,
a onda de ira, o soco nos narizes
dos sabujos, como esquecer Mário,
de quem no exílio
aprendi a amar a liberdade da Itália,
e agora irada sua cabeça branca
divisei confundindo-se
no mar agitado
de meus amigos e de meus inimigos?
Não esquecerei o pequeno
guarda-chuva de Elsa Morante
caindo sobre um peito policial
como a pesada pétala
de uma força florida.
E assim na Itália
por vontade do povo,
peso de poesia,
firmeza solidária,
ação da ternura
ficou meu destino.

E assim foi como
foi este livro nascendo
rodeado de mar e limoeiros,
escutando em silêncio,

detrás do muro da polícia,
como lutava e luta,
como cantava e canta
o valoroso povo
que ganhou uma batalha para que eu pudesse
descansar na ilha que me espetava
com um ramo em flor de jasmim na sua boca
e em suas pequenas mãos a fonte de meu canto.

IV. OS DEUSES ESFARRAPADOS

HÁ SÉCULOS vive a miséria
no sul da Itália. Olha seu trono:
pendem dele como tapeçarias
as trêmulas aranhas negras
e ratos cinzentos roem
as antigas madeiras.
Esburacado trono que através
das janelas quebradas
da noite de Nápoles respira
com estertor terrível,
e entre os buracos
os negros riços caem nas faces
dos meninos formosos
como pequenos deuses esfarrapados.
Oh Itália, em tua morada
de mármore e esplendor, quem habita?
Assim tratas, antiga loba rubra,
a tua progênie de ouro?
Triste é a voz do sul nos caminhos.
Ácida sombra o céu
deixa tombar sobre as casas destruídas,
lá das portas sai

o ramo desgrenhado
da fome e a pobreza
e contudo canta
tua cabeça sonora.
Triste é a voz do sul nos caminhos.
Os povoados adiantam
mais de uma voz faminta
que no entanto canta.
O vermelho vinho bebo
levantando na taça
não só o sol maduro,
mas a luz antiga da ira.

Marcham rumo à terra
os camponeses da Itália.
Cansaram-se
de rasgar a pedra
e penetraram no domínio,
no feudal território.
Homens, mulheres, meninos
de repente se reuniram sob uma árvore
e de imediato
a limpar a terra,
a cavá-la,
a rompê-la,
e no sulco
cai o trigo,
o punhado de trigo que guardaram
como se fosse ouro
as mãos dos pobres,
e então

a primeira cozinha deitando fumaça,
o fogo,
a roupa que se lava,
a vida.

Vieram
os soldados,
o governo cristão.
"Não podeis semear,
não podeis fazer fogo.
A terra
dos senhores
deve continuar estéril.
Tirai o trigo,
desfazei o sulco,
apagai o fogo".
Os velhos rostos,
as enrugadas mãos,
tão semelhantes à terra, sulcos, sementes, fogo,
ficaram imóveis
e quando levantaram os fuzis
os soldados cristãos
eles cantavam, e caíram
cantando.

O sangue regou o trigo
mas ali cresce
um cereal indomável,
um cereal que canta até na morte.
Isto se deu quando vivi na Itália.
Mas os camponeses
assim conquistaram a terra.

V. CHEGOU A FROTA

QUANDO chega a frota
norte-americana
esfuma-se a bandeira
pastoril
da Itália.
Termina o azul e as guitarras
ali onde estão? Aquela
onda de mel e luz
que envolve
seres, conversas, monumentos,
tudo se esconde, só
as presenças de aço na baía,
lentos répteis,
línguas
malditas da guerra,
e no alto
a bandeira
do invasor
com suas barras de cárcere
e suas estrelas roubadas.
Os prostíbulos
crescem,
e ali de tombo em tombo
os marinheiros civilizadores
transitam,
derrubam-se,
entram aos murros
nos pobres lares da margem,
exatamente como
antes aconteceu em Havana,
no Panamá, em Valparaíso,

na Nicarágua, no México.
Quando parte
a frota
segue um barco pela terra.
Em trens, em caminhões
se dirige a um prostíbulo
ao novo porto em que os barcos cinzentos
vão para defender a cultura.
Ai, que dificuldades!
Faltam hotéis onde
situar as mulheres
de maneira estratégica no porto!
Ah mas para isso
todo o governo se mobilizou.

Corre o senhor de Gásperi vestido
com seu fraque mais tétrico,
e o ministro da polícia
varre os quartos
para que tudo
se desenvolva
com eficácia extrema.
Depois
os senhores ministros italianos
se reúnem,
se felicitam
e o Presidente do Conselho, débil
e funeral como um caixão de morto,
declara com voz suave:
"Ultrapassando as dificuldades
temos cumprido com nossos deveres
para com a frota norte-americana.
Ademais esta tarde, com orgulho

o declaro,
proibi uma exposição de pintura,
expulsei um poeta perigoso
e pus na fronteira
o corpo de balé de Leningrado.
Assim
mostramos como aqui na Itália
defendemos
a cultura cristã".
Enquanto isso nos portos
a pastoril bandeira,
a claridade da Itália
se esconde, e a sombra
dos encouraçados
dorme na água, como
nos pútridos charcos da selva
esperam os répteis.
No entanto
azul é o céu da Itália,
generosa sua terra pobre,
largo o peito do povo,
valente sua estatura
e o que conto existe,
mas não será eterno.

VI. EU TE CONSTRUÍ CANTANDO

EU te acreditei, te inventei na Itália.
Estava só.
O mar entre as gredas
desatava violento
sua seminal espuma.
Assim se preparava

a abrupta primavera.
Os germes adormecidos entreabriam
seus caules molhados,
secreta sede e sangue
feriam minha cabeça.
Eu de mar e de terra
te reconstruí cantando.
Necessitei de tua boca, do arco puro
de teu pequeno pé, de tua cabeleira
de cereal queimado.
Eu te chamei e vieste da noite,
e na luz entreaberta da aurora
descobri que existias
e que de mim como do mar a espuma
nasceste, pequena deusa minha.
Foste primeiro um germe deitado
que esperava
sob a terra escura
o crescimento da primavera,
e adormecido então
senti que me tocavas
debaixo da terra,
porque ias nascer, e eu te havia
semeado
dentro de minha existência. Depois o tempo
e o esquecimento vieram
e eu esqueci que estavas comigo
crescendo solitária
dentro de mim, e de repente
descobri que tua boca
se havia levantado da terra
como uma flor gigante.

Eras tu que existias.
Eu te havia criado.
Meu coração então
tremeu reconhecendo-te
e quis afastar-te.
Porém já não pudemos.
A terra estava cheia
de cachos sagrados.
Mar e terra em tuas mãos
rebentavam
com os dons maduros.
E assim foi tua doçura derramando-se
em minha respiração e nos sentidos
porque por mim foste criada
para que me ajudasses
a viver a alegria.
E assim, a terra,
a flor e o fruto, foste,
assim do mar vinhas
submersa esperando
e te estendeste junto a mim no sonho
do que não despertamos.

VIII. LONGE NOS DESERTOS

I. TERRA E CÉU

ALTURAS da Mongólia,
desérticas alturas,
de repente avistei minha pátria,
o Norte Grande, Chile,
a pele seca, arranhada
da terra nos limites do céu
Vi os montes de areia,
a extensão taciturna:
me recolhi escutando
o vento terrível de Gobi,
as tormentas
no "teto do mundo"
tudo tão parecido
com as regiões
de cobre e sal e céu
de meu país andino.
Depois o vento
trouxe cheiro de camelo,
uma brisa queimada
se transformou em incenso,
a luz deteve
um dedo
sobre a seda
de uma bandeira rubra,
e vi que estava longe
de minha pátria.
Os mongóis já não eram
os errantes
ginetes
do vento e da areia:

eram meus camaradas.
Mostraram-me
seus laboratórios.

Doce ali em cima era
a palavra
metalurgia.
Ali onde os magos
teceram
sabedoria e teias de aranha,
em Durga, negra Durga,
agora
reluzia
o novo nome,
Ulan Bator,
o nome
de um capitão do povo.

E era tudo
tão simples.
Os jovens,
os universitários do deserto,
inclinados
sobre os microscópios.
Nas areias frias
da altura
reluziam
os novos institutos,
as minas eram perfuradas,
os livros e a música
cantavam no coro
do vento
e o homem
renascia.

II. ALI ESTAVA MEU IRMÃO

ALI estive.
Ali vi
não só areia e ar,
não só camelos e metais,
mas o homem,
o remoto
irmão meu,
nascendo agora no meio
da solidão planetária,
diferenciando-se
da natureza,
conhecendo
o mistério
da eletricidade e da vida,
dando a mão ao Este
e ao Oeste,
dando a mão ao céu
e à terra
repartindo,
existindo,
assegurando
o pão e a ternura
entre seus filhos.
Oh territórios duros,
contrafortes lunares,
em vós
ascende
a semente
do tempo socialista
e sobe
da pedra
a flor e a formosura,

a usina que fala ao céu
com palavras de fumo
e com os minerais dominados
elabora ferramentas e alegria.

III. MAS DEU FRUTO

PORÉM quando
entre os áridos
sistemas dos píncaros
aparece
o homem,
transformado,
quando
da *yurta*
brota o homem
que lutará com a natureza,
o homem que é não só
de uma tribo,
mas da incendida massa humana,
não o errante
prófugo das altas solidões,
ginete da areia,
mas meu camarada,
associado ao destino de seu povo,
solidário de todo o ar humano,
filho e continuador da esperança,
então,
cumpriu-se a tarefa
entre as cicatrizes dos montes:
ali também o homem é nosso irmão.

Ali a terra dura deu seu fruto.

IX. O CAPITEL QUEBRADO

I. NESTES ANOS

AGORA
nestes anos
depois do meio século,
um silêncio medroso
do Ocidente
treme, encolhido.
Outra vez, outra vez a guerra,
talvez a guerra.

O mapa frio
cruzado por ciprestes,
por sombras verticais,
a noite atravessada
por punhal ou relâmpago.
É assim a ameaça
sobre o teto e o pão.
Silêncio
de árvore com folhas negras,
a sombra
cobre a Grécia.
Outra vez água amarga
sobre a idade radiante
das estátuas cegas.

Que acontece?
Onde estamos?

Faz já tempo um rei e uma rainha
foram pré-fabricados,
"made in England"
Logo é a história
deste tempo terrível,
os cruéis oficiais

ressuscitados
da ópera sangrenta,
os norte-americanos que administram
a rosa
de Praxíteles
arrasando
com isto e com aquilo.
Quem o tivera pensado,
quem
se atrevera
a pensar que as pedras
mais puras,
cortadas com o fio da aurora,
iam ser maculadas,
que a Grécia ia cair
numa fossa negra
de Chicago.
Quem o diria
senão os astros gregos,
as linhas
da trágica musa
do tempo mais antigo,
e assim foi sucedendo.
As abelhas
zumbem
elaborando
mel com sangue,
luz de martírio,
alvéolos
de arquitetura ultrajada.

II. BELOJANNIS O HERÓI

ASSIM, entre as colunas,
Belojannis:
dórica é a auréola

da luz em suas faces.
Não são os automóveis
iluminando o crime.
É um planeta,
é uma estrela vermelha,
é o ígneo desterro
da antiga e a nova
claridade da terra...
Cai,
dispararam nele
lá do Pentágono
balas que atravessaram
o mar para cravar-se
em seu peito claríssimo,
balas que recolheram
espinhos inumanos
para entrar na gruta
verde e branca da Grécia,
lacerando as paredes,
salpicando
de sangue
as folhas do acanto.

III. CONTEMPLADA A GRÉCIA

OH LÁGRIMAS, não é tempo
de acudir a meus olhos,
não é hora
de acudir aos olhos dos homens,
pálpebras, levantai-vos
do fundo da escuridão do sonho, claras
ou sombrias pupilas,
olhos sem lágrimas, olhai a Grécia
crucificada em seu madeiro.

Olhai-a toda
a noite, o ano, o dia,
vertendo o sangue de seu povo,
batendo as faces
em seu terrível capitel de espinhos.
Olhai, olhos do mundo,
o que a Grécia, a pura,
suporta, o açoite
do mercador de escravos,
e assim de noite e ano e mês e dia
vê como se levanta a cabeça
de seu povo orgulhoso.
De cada gota
caída do martírio
cresce de novo o homem,
o pensamento cresce suas bandeiras,
a ação confirma pedra a pedra
e mão a mão
a altura do castelo

Oh Grécia clara,
se em ti rodou a escuridão seu saco
de estrelas negras, sabes
que em ti mesma
está a claridade, que recolhes
a noite inteira em teu regaço
até que de tuas mãos
se levanta a aurora,
voo branco molhado de orvalho.
Em sua luz te veremos,
antiga e clara mãe dos homens,
sorrir, vitoriosa,
mostrando-nos de novo tua brancura
de estátua, entre os montes.

X. O SANGUE DIVIDIDO

I. EM BERLIM A MANHÃ

DESPERTEI. Era Berlim. Pela janela
vi o coração desdentado,
a doida sepultura,
a cinza,
as ruínas mais pesadas,
com florões e frisos
malferidos,
sacadas arrancadas por uma negra mandíbula,
paredes que já perderam, que não encontram
suas janelas, suas portas,
seus homens, suas mulheres,
e uma montanha adentro
de escombros amontoados,
sofrimento e soberba confundidos
na farinha final, no moinho
da morte.

Oh cidadela, oh sangue
inutilmente desaparecido,
talvez é esta, é esta
tua primeira vitória,
ainda entre escombros negros
a paz que conheceste,
limpando as cinzas e elevando
tua cidadela para todos os homens,
tirando de tuas ruínas
não os mortos,
mas o homem comum,
o novo homem,

o que edificará as estruturas
do amor e a paz e a vida.

II. JOVENS ALEMÃES

COMO um ramo vermelho
numa árvore queimada
aparece e nela
a flor do tempo brilha.
Assim, Alemanha, em teu rosto
queimado pela guerra,
tua nova juventude ilumina
as queimaduras e as cicatrizes
do inferno passado.
Eu recebi junto à Elba,
junto à transparência
de seu antigo transcurso,
quando partindo da Boêmia
o trem chegou à Alemanha,
à florida juventude de agora
com seus firmes sorrisos
e as mãos
cheias de flores que me davam
rapazes e moças
carregados de lilases.
Mas não eram as flores somente
as que davam luz sobre a água,
era o novo brotar humano,
o sorriso arrancado às cerejeiras,
o direto olhar,
as firmes mãos que apertavam as tuas,
e os olhos diretamente azuis.
Ali tremeu a terra

com toda a crueldade e o castigo
e agora,
jovens
da água e da terra renascidos,
com flores na boca,
levantando o amor sobre a terra,
com a palavra Stalin
em milhões de lábios,
florescendo.
Oh prodígio,
aqui de novo a vida,
árvore de luz, colmeia,
celeiro inacabável,
a paz e a vida,
ramo e ramo,
água e água,
cacho com cacho,
lá das cicatrizes derrotadas
rumo à nova
madureza da aurora.

E eu esqueci as ruínas,
o alfabeto de pedra queimada,
a lição do fogo,
esqueci a guerra,
esqueci o ódio
porque vi a vida.
Oh jovens,
jovens alemães,
novos preservadores de vossa primavera,
firmes e francos jovens da nova Alemanha,
olhai para o Este,
olhai para a vasta União
das Repúblicas amadas.

Vede como também de suas ruínas
amanhece na Polônia
um sorriso firme.

China, a gigantesca, sacudiu
suas cadeias cheias de sangue
e agora é nossa imensa irmã.

Diante de vós
está o tesouro do mundo,
não o antigo tesouro do saque,
mas o novo tesouro,
o largo espaço cheio
de seres fraternais,
a paz, vento de espigas, o encontro
com o homem remoto
que não vem para roubar-nos.
Vai passando e crescendo
por todas as terras um fio
de aço que cuidamos,
o mar cantando junto ao homem
seu eterno hino de espuma,
e como um telegrama diário o ar
deixando-nos notícias.

Quantas usinas novas nasceram,
quantas escolas apagaram a sombra,
quantos rapazes sabem a partir de hoje
o idioma secreto
dos metais e das estrelas,
como tiraremos pão do planeta
para todos
e daremos frescor à terra,
velha mãe de todos os homens.
Inventaremos água nova,

arroz celeste,
motores de cristal.
Estenderemos
mais além das ilhas o espaço.
Nos desertos de fogo e areia
veremos como dança
a primavera em nossos braços, porque
nada será esquecido,
nem a terra,
nem o homem.
O homem não será esquecido
e é este o tesouro.
Jovens que do fundo
da guerra
trazeis um sorriso
que não será afogado,
este é o tesouro:
não esquecer o homem.
Porque assim é maior a terra
que todos os astros reunidos.
Assim crescemos cada dia e cada
dia somos mais ricos de homens,
temos mais irmãos,
no ar, nas minas,
nas altas planícies
da Mongólia metálica.
O homem,
ao Este, ao Norte, ao Sul,
ao Oeste, para cima,
onde caminha o vento,
o homem.
Olha, rapaz, como te saúdam,
olha como cresceu tua família,

grande é a terra e tua,
grande é a terra e minha,
é de todos,
saúda,
saúda o mundo,
o novo mundo que nasceu
e que contigo crescerá
porque tu és semente.
Crescerás, cresceremos.
Já ninguém pode derrubar a árvore
nem cortar suas raízes
porque em teu coração estão crescendo
e a árvore encherá toda a terra
de flores e cantos e frutos.

III. A CIDADE FERIDA

BERLIM cortado
continuava sangrando
secreto sangue, escura
a noite ia e vinha.
O resplendor do tempo
como um relâmpago em Berlim do Este
iluminava o passo
dos jovens livres
que levantavam a cidade novamente.
Na sombra passei de lado a lado
e a tristeza de uma idade antiga
me encheu o coração como uma pá
carregada de imundície.
Em Berlim custodiava o Ocidente
sua "Liberdade" imunda,
e ali também estava
a estátua com seu falso

fanal, sua carranca leprosa
pintada de alcoólico carmim,
e na mão o garrote
recém-desembarcado de Chicago.
Berlim Ocidental, com teu mercado
de jovens rameiras
e de soldados invasores ébrios,
Berlim Ocidental, para vender tua pobre
mercadoria
saturaste os muros
de afixos com pernas obscenas,
de vampiras seminuas,
e até os cigarros um sabor
de vício negro têm.
Os pederastas dançam apertando-se
com os técnicos do State Department.
As lésbicas descobriram
seu protegido paraíso
e seu santo: San Ridgway.
Berlim Ocidental, és a pústula
do rosto antigo da Europa,
os velhos zorros nazistas
resvalam no muco
de tuas iluminadas ruas sujas,
e Coca-Cola e antissemitismo
correm em abundância
sobre teus excrementos e tuas ruínas.
És a cidade maldita, filha da tartaruga Truman
e do desterrado crocodilo hitleriano,
e afiam-lhe os dentes,
e dão-lhe baionetas
enquanto o boogy-boogy
desencadeia o fio delirante

do mercado sexual para soldados.
"Jovenzinha alemã
de dezenove abris
busca o velho senhor, ou comerciante
estabelecido, para vender-lhe logo
sua juventude", diz o jornal.

E na sombra terrível
da noite que passa
desembarcam os tanques.
Os gases que assassinaram
na metade da Europa
voltam a ser fabricados
com monopólio norte-americano.
Velhos carrascos nazistas
saem de novo e ladram
nos cafés, olfateando o sangue,
a arte abstrata e o conflito da "alma"
são temas das artes, salpicadas
com sangue e sexo,
como nos bons tempos de Adolfo
fecham jornais e golpeiam o ventre
de alguma mocinha comunista
que lhes cospe no rosto.

Assim é a vida,
e neste Berlim tombaram homens
em todos os cachos da morte.
Para esta cidade negra,
pustular, venenosa,
a Liberdade deu suas maiores veias,
sangrando desde o Volga
até as águas negras do Sprea.
Para este baile norte-americano

e este garrotaço de Washington,
lutaram, ai, lutaram
todos os homens
de um mar até outro,
até todas as terras e as ilhas.
Por isso voo passo a passo
a Berlim Oriental, também a noite
cobre os telhados quebrados,
mas eu vejo o sonho,
sei que o trabalho dorme
para na noite acumular sua força.
Vejo os últimos jovens que cantam
voltando das fábricas.
Vejo
a luz através da noite,
a cor das flores
que enchiam os trens quando cheguei à Alemanha.
Respiro porque o homem
aqui é meu irmão.
Aqui não preparam o lobo,
aqui não afiam os dentes
para desenfrear a carnificina.
Aqui cheira
a escola varrida e regada,
cheira a tijolos recém-transportados,
cheira a água fresca,
cheira a padaria,
cheira a verdade e a vento.

XI. NOSTALGIAS E REGRESSOS

(INTERMÉDIO)

I. OS REGRESSOS

NO SUL da Itália, na ilha,
recém-chegado
da Hungria deslumbrante, da abrupta
Mongólia,
o sol sobre o inverno,
o sol sobre o mar do inverno.
Outra vez,
outra vez comecemos,
amor, de novo façamos
um círculo na estrela.
Seja a luz,
seja a transparência.
Façamos
um círculo no pão.
Seja entre todos os homens
a partilha de todos os bens.
Faça-se a justiça,
faremos.

Vida,
me deste
tudo.
Afastaste de mim a solidão,
a solitária lâmpada
e o muro.
Deste-me
amor a mãos-cheias,

batalhas,
alegrias,
tudo.
E a ela me entregaste
apesar de mim.
Fechei os olhos.
Eu não queria vê-la.
Vieste
apesar disso,
completa,
completa com todos os dons
e com a ferida que eu mesmo pus
dentro de ti com uma flor sangrenta
que me fez cambalear sem derrubar-me.

II. A PASSAGEIRA DE CAPRI

DE ONDE, planta ou raio,
de onde, raio negro ou planta dura,
vinhas e vieste
até o rincão marinho?

Sombra do continente mais longínquo
há nos teus olhos, lua aberta
em tua boca selvagem,
e teu rosto é a pálpebra de uma fruta adormecida.
O pé acetinado de uma estrela é tua forma,
sangue e fogo de antigas lanças há em teus lábios.

De onde recolheste
pétalas transparentes
de manancial, de onde
trouxeste a semente
que reconheço? E depois

o mar de Capri em ti, mar estrangeiro,
por trás de ti as rochas, o azeite,
a reta claridade bem construída,
mas tu, eu conheço,
conheço essa rosa,
conheço o sangue dessa rosa,
sei que a conheço,
sei de onde vem,
e piso o ar livre de rios e cavalos
que tua presença traz à minha memória.

Tua cabeleira é uma carta vermelha
cheia de bruscos beijos e notícias,
tua afirmação, tua investidura clara
falam-me no meio-dia,
na meia-noite chamam à minha porta
como se adivinhassem
aonde querem regressar meus passos.

Talvez, desconhecida,
o sal de Maracaibo
ressoa em tua voz enchendo-a de sonho,
ou o frio vento de Valparaíso
sacudiu tua razão quando crescias.
O certo é que hoje, olhando-te ao passar
entre as aves de peito rosado
dos farelhões de Capri,
a labareda de teus olhos, algo
que vi voar lá de teu peito, o ar
que rodeia tua pele, a luz noturna
que de teu coração sem dúvida sai,
algo chegou à minha boca
com um sabor de flor que conhecia,
algo tingiu meus lábios com o licor escuro

das plantas silvestres de minha infância,
e eu pensei: esta dama,
ainda que o clássico azul derrame todos
os cachos do céu em sua garganta,
ainda que por trás dela os templos
nimbem com sua brancura coroada
tanta formosura,
ela não é, ela é outra,
algo crepita nela que me chama:
toda a terra que me deu a vida
está neste olhar, e estas mãos
sutis
recolheram a água na vertente
e estes mínimos pés foram medindo
as vulcânicas ilhas de minha pátria.

Oh tu, desconhecida, doce e dura,
quando já teu passo
desceu até perder-se,
e só as colunas
do templo roído e a safira verde
do mar que canta em meu desterro
ficaram sós, sós
comigo e com tua sombra,
meu coração deu um grande latejo,
como se uma enorme pedra sustentada
na invisível altura
caísse de repente
sobre a água e saltassem as espumas.

E despertei de tua presença então
com o rosto regado
pelo teu borrifo,
água e aroma e sonho,
distância e terra e onda!

III. QUANDO DO CHILE

OH CHILE, longa pétala
de mar e vinho e neve,
ai quando
ai quando e quando
ai quando
me encontrarei contigo,
enrolarás tua cinta
de espuma branca e negra em minha cintura,
desencadearei minha poesia
sobre teu território.
Há homens
metade peixe, metade vento,
há outros homens feitos de água.
Eu estou feito de terra.
Vou pelo mundo
cada vez mais alegre:
cada cidade me dá uma nova vida.
O mundo está nascendo.
Mas se chove em Lota
sobre mim tomba a chuva,
se em Lonquimay a neve
resvala das folhas
chega a neve onde estou.

Cresce em mim o trigo escuro de Cautín.
Eu tenho uma araucária em Villarrica,
tenho areia no Norte Grande,
tenho uma rosa ruiva na província,
e o vento que derruba
a última onda de Valparaíso
bate-me no peito

com um ruído quebrado
como se ali tivesse
meu coração uma janela rota.

O mês de outubro chegou faz
tão pouco tempo do passado outubro
que quando este chegou foi como se
me estivesse olhando o tempo imóvel.
Aqui é outono. Cruzo
a estepe siberiana.
Dia após dia tudo é amarelo,
a árvore e a usina,
a terra e o que nela o homem novo cria:
há ouro e chama vermelha,
amanhã imensidade, neve, pureza.

Em meu país a primavera
vem de norte a sul com sua fragrância.
É como uma moça
que pelas pedras negras de Coquimbo,
pela margem solene da espuma
voa com pés nus
até os arquipélagos feridos.
Não só território, primavera,
plenificando-me, ofereces.
Não sou um homem sozinho.
Nasci no sul. Da fronteira
trouxe as solidões e o galope
do último caudilho.
Mas o Partido me desceu do cavalo
e me tornou homem, e andei
os areais e as cordilheiras
amando e descobrindo.

Povo meu, verdade que na primavera
soa meu nome em teus ouvidos
e me reconheces
como se fosse um rio
que passa por tua porta?

Sou um rio. Se escutas
pausadamente sob os saleiros
de Antofagasta, ou melhor
ao sul de Osorno
ou rumo à cordilheira, em Melipilla,
ou em Temuco, na noite
de astros molhados e loureiro sonoro,
pões sobre a terra teus ouvidos,
escutarás que corro
submergido, cantando.

Outubro, oh primavera,
devolve-me a meu povo.
Que farei sem ver mil homens,
mil moças,
que farei sem conduzir sobre meus ombros
uma parte da esperança?
Que farei sem caminhar com a bandeira
que de mão em mão na fila
de nossa longa luta
chegou às mãos minhas?

Ai Pátria, Pátria,
ai Pátria, quando
ai quando e quando
quando
me encontrarei contigo?

Longe de ti
metade de terra tua e homem teu

continua sendo,
e outra vez hoje a primavera passa.
Mas eu com tuas flores me completei,
com tua vitória vou para frente
e em ti persistem vivendo minhas raízes.

Ai quando
encontrarei tua primavera dura,
e entre todos os teus filhos
vagarei pelos teus campos e tuas ruas
com meus sapatos velhos.
Ai quando
irei com Elias Lafferte
por todo o pampa dourado.
Ai quando te apertarei a boca,
chilena que me esperas,
com meus lábios errantes?
Ai quando
poderei entrar na sala do Partido
para sentar-me com Pedro Fogueiro,
com o que não conheço e no entanto
é mais irmão meu que meu irmão.
Ai quando
me tirará do sonho um trovão verde
de teu manto marinho.
Ai quando, Pátria, nas eleições
irei de casa em casa recolhendo
a liberdade temerosa
para que grite no meio da rua.
Ai quando, Pátria,
te casarás comigo
com olhos verde-mar e vestido de neve
e teremos milhões de filhos novos
que entregarão a terra aos famintos.

Ai Pátria, sem farrapos,
ai primavera minha,
ai quando
ai quando e quando
despertarei em teus braços
empapado de mar e de orvalho.
Ai quando eu estiver perto
de ti, te agarrarei pela cintura,
ninguém poderá tocar-te,
eu poderei defender-te
cantando,
quando
for contigo, quando
vieres comigo, quando
ai quando.

IV. O CINTURÃO

CARLOS AUGUSTO me mandou
um cinturão de couro de Orinoco.

Agora na cintura
levo um rio,
aves nupciais que em seu voo levantam
as pétalas da espessura,
o longo trovão que perdi na infância
hoje o levo amarrado,
cosido com relâmpagos e chuva,
subjugando minhas velhas calças.
Couro de litoral, couro de rio,
te amo e toco,
és flor e madeira, sáurio e lodo,
és argila extensa.
Passo minha mão sobre tuas rugas

como sobre minha pátria. Tens lábios
de um beijo que me busca.
Mas não só amor, oh terra, tens,
sei que também me guardas
a dentada, o fio, o extermínio
que perguntam por mim todos os dias,
porque tua costa, América, não tem apenas plumas
de um leque incendiário,
não tem só açúcar luminoso,
frutas que pestanejam,
mas o venenoso sussurro
da facada secreta.

Aqui só
me provou o rio:
não fica mal em minha cintura.
O Orinoco
é como um nome que me falta.
Eu me chamo Orinoco,
devo ir com a água na cintura,
e desde agora
esta linha de couro
crescerá com a lua,
abrirá seus estuários na aurora,
caminhará as ruas
comigo e entrará nas reuniões
recordando-me
de onde sou: das terras abruptas
de Sinaloa e de Magallanes,
das pontas de ferro andino,
das ilhas de furacão,
porém mais que todos os lugares,

do rio caimão verde,
do Orinoco, envolto
pelas suas respirações,
que entre suas duas margens sempre recém-bordadas
vai estendendo seu canto pela terra.

Carlos Augusto, obrigado,
jovem irmão, porque no meu exílio
a água pátria me mandaste. Um dia
verás aparecer na corrente
do rio
que desatada corre e nos reúne,
um rosto, nosso povo,
alto e feliz cantando com as águas.
E quando esse rosto nos fitar
pensaremos "fizemos nossa parte"
e cantaremos com nossos rios,
com nossos povos cantaremos.

V. UM DIA

A TI, amor, este dia
a ti o consagro.
Nasceu azul, com uma asa
branca na metade do céu.
Chegou a luz
na imobilidade dos ciprestes.
Os seres diminutos
saíram na margem de uma folha
ou na mácula do sol numa pedra.
E o dia continua azul
até que entre na noite como um rio
e faça tremer a sombra com suas águas azuis.
A ti, amor, este dia.

Apenas, de longe, lá do sonho,
o pressenti e apenas
me tocou seu tecido
de rede incalculável
eu pensei: é para ela.
Foi um latejo de prata,
foi sobre o mar voando um peixe azul,
foi um contato de areias deslumbrantes,
foi o voo de uma flecha
que entre o céu e a terra
atravessou meu sangue
e como um raio recolhi em meu corpo
a desbordada claridade do dia.

É para ti, amor meu.

Eu disse: é para ela.
Este vestido é seu.
O relâmpago azul que se deteve
sobre a água e a terra
a ti consagro.

A ti, amor, este dia.

Como uma taça elétrica
ou uma corola de água trêmula,
levanta-o em tuas mãos,
bebe-o com os olhos e a boca,
derrama-o em tuas veias para que arda
a mesma luz em teu sangue e no meu.

E te dou este dia
com tudo o que traga:
as transparentes uvas de safira
e a aragem rompida

que acerca de tua janela
as dores do mundo.
Eu te dou todo o dia.
De claridade e de dor faremos
o pão de nossa vida,
sem afastar o que nos traga o vento
nem recolher somente a luz do céu,
mas as cifras ásperas
da sombra na terra.

Tudo te pertence.
Todo este dia com seu azul cacho
e a secreta lágrima de sangue
que descobrirás na terra.

E não te cegará a escuridão
nem a luz deslumbrante:
deste amassilho humano
estão feitas as vidas
e deste pão do homem comeremos.
E nosso amor feito de luz escura
e de sombra radiante
será como este dia vencedor
de claridade no meio da noite.

Toma este dia, amada.
Todo este dia é teu.

Se o dou a teus olhos, amor meu,
se o dou a teu peito,
deixo-o nas mãos e no pelo
como um ramo celeste.

Dou-o a ti para que faças um vestido
de prata azul e de água.

Quando chegar
a noite que este dia inundará
com sua rede trêmula,
estende-te junto a mim,
toca-me e cobre-me
com todos os tecidos estrelados
da luz e a sombra
e fecha teus olhos então
para que eu adormeça.

XII. A FLOR DE SEDA

I. O LÍRIO DISTANTE

COREIA, tua morada
era um jardim ativo
de novas flores que se construíam.
Era tua paz de seda
um manto verde,
um lírio que elevava
seu rápido relâmpago amarelo.

Da Ásia recolhias
a luz desenterrada.
Ias tecendo
com fios anteriores
a nova trama do vestido novo.
Teu traje de boneca ensanguentada
ia-se mudando em calça de usina
e os fios de seda
recolhiam o caudal das cascatas,
carregavam as palavras no vento.

Querias com tuas mãos
cortar tua própria estrela e elevá-la
na edificação do firmamento.

II. OS INVASORES

VIERAM.

Os que arrasaram
antes a Nicarágua.

Os que roubaram o Texas.

Os que humilharam Valparaíso.

Os que com garras sujas
apertam a garganta
de Porto Rico.

À Coreia chegaram.

Chegaram.

Com napalm e com dólares,
com destruição, com sangue,
com cinzas e lágrimas.

Com a morte.

Chegaram.

À mãe e ao menino
queimaram vivos na aldeia.

À escola florida
dirigiram
seu petróleo ardendo.

Para destruir as vidas e a vida.

Para buscar desde o ar
até o último
pastor nas montanhas
e matá-lo.

Para cercear os seios
da radiante guerrilheira.

Para matar prisioneiros em seus leitos.

Chegaram.

E súbito não houve senão morte.
Fumaça, cinzas, sangue, morte.

III. A ESPERANÇA

EM TODO O TEMPO o homem
dá sua prova.
Parece que se extinguem
de repente as sementes e as lâmpadas
e não é verdade.
Então
aparece
um homem, uma nação, uma bandeira,
uma bandeira que não conhecíamos,
e sobre o mastro
e a cor que ondula,
mais alta que o sangue,
volta a viver a luz entre os homens
e a semente volta a ser semeada.
Honra a ti, Coreia,
mãe de nossa época,
mãe nossa de lábios arrasados,
mãe nossa cortada no martírio,
mãe queimada em todas as suas aldeias,
mãe cinza, mãe escombros, mãe pátria!

IV. TEU SANGUE

SIM, sabemos,
sim, sabemos tudo.
Teus filhos mortos e tuas filhas mortas
estivemos contando-os
um por um cada longa noite.

Não há número nem há nome
para tantas dores,
mas tampouco há número
para o que nos deste,
para os dessangrados
heróis que nesta hora
puseram em tuas mãos,
Coreia,
o tesouro orgulhoso,
a liberdade, não só
tua liberdade, Coreia,
mas a liberdade inteira,
a de todos,
a liberdade do homem.

V. A PAZ QUE TE DEVEMOS

A TEU SANGUE, Coreia,
defensora
de flores,
deve a paz do mundo.

Com teu sangue, Coreia,
com tua trágica mão desgarrada,
nos defendeste a todos!

Com teu sangue, Coreia,
em minha época, nestes anos duros,
a liberdade pôde dizer teu nome
e continuar sua herança.

As lâmpadas
continuarão acesas
e as sementes buscarão a terra.

XIII. PASSANDO PELA NÉVOA

I. LONDRES

NA ALTA NOITE, Londres,
apenas entrevista,
olhos inumeráveis,
dura secreta sombra,
tendas cheias de cadeiras,
cadeiras e cadeiras, cadeiras.
O céu negro
sentado sobre Londres,
sobre sua névoa negra,
sapatos e sapatos,
rio e rio,
ruas desmoronadas pelos dentes
da miséria cor de ferro,
e sob a imundície
o poeta Eliot
com seu velho fraque
lendo aos vermes.
Perguntaram-me quando
nasci, por que vinha
perturbar o Império.
Tudo era polícia
com livros e matracas.
Perguntaram-me
pelo meu avô e meus tios,
pelos meus pessoalíssimos assuntos.
Eram frias
as jovens facas

sobre as quais
senta-se
senta
senta
a matrona Inglaterra,
sempre sentada
sobre milhões de rasgões,
sobre pobres nações andrajosas,
sentada
sobre seu oceano
de reservado uso pessoal,
oceano
de suor, sangue e lágrimas
de outros povos.
Ali sentada
com suas velhas rendas
tomando chá e ouvindo
os mesmos relatos tontos
de princesas,
coroações
e duques conjugais.
Tudo acontece entre fadas.
Enquanto isso
ronda a morte com chapéu
vitoriano
e esqueleto listrado
pelas enegrecidas bicheiras
dos negros subúrbios.
Enquanto isso
a polícia te interroga:
é a palavra paz a que lhes crava
como uma baioneta.

Esta palavra paz
eles quiseram
enterrá-la,
porém
não podem por ora.
Deitam-lhe sombra em cima,
névoa
de polícia,
amarram-na e a encerram,
a golpeiam,
a salpicam de sangue e martírio,
a interrogam,
deitam-na ao mar profundo
com uma pedra em cada
sílaba,
a queimam com um ferro,
com um sabre
a cortam,
atiram-lhe vinagre, fel, mentira,
a empacotam,
enchem-na de cinza,
a precipitam.
Mas então
voa
de novo
a pomba:
é a palavra paz com plumas novas,
é o jasmim do mundo
que avança com suas pétalas,
é a estrela do sonho e do trabalho,
a ave branca
de voo imaculado,

a rosa que navega,
o pão de todas as vidas,
a estrela de todos os homens.

II. O GRANDE AMOR

NO ENTANTO,
Inglaterra,
há algo de caoba
em tua cintura,
velha madeira usada
pela mão do homem,
banco de igreja, coro
de catedral na névoa.
Algo
a ti nos une,
há algo
contido
detrás de tuas janelas,
um vento brusco, uma ave
de litoral selvagem,
uma melancolia matutina,
algo impossivelmente solitário.
Amei a vida de
teus homens, falsos
conquistadores conquistados,
derramados rumo aos quatro ventos do planeta
para encher teu cofre. No entanto,
se o ouro os moveu com sua onda negra
não só foram isso
mas seres,
tímidos seres em trevas, sós,
enquanto o estandarte com leões
sufocava a luta dos povos.

Pobres meninos ingleses, amos pobres
de um mundo debulhado,
eu sei que entre vós
é natural
o rouxinol terrestre.
Shelley canta na chuva
e decora a chuva
sua cítara escarlate.
Nasce em teu litoral o agressivo
punhal de proa rumo a todos os mares,
mas em tua areia o perseguido
encontrou o pão e construiu sua casa.
Lenin sob a névoa
entrando no Museu
em busca de uma linha,
de uma data, de um nome,
enquanto toda a terra
parecia oprimida,
solidão sozinha, etapa impenetrável,
ali, com seus óculos
e seu livro,
Lenin,
mudando em luz a névoa.

E então, isso eras,
Inglaterra,
torre de asilo,
catedral de refúgio,
e os que agora
fecham com a polícia
as linhas, as palavras,
o tesouro
das sabedorias que resguardas,
os que recusam tua areia

ao peregrino da luz errante,
não são dignos
de tua antiga verdade, de tua madeira,
mas te esfaqueiam,
matam em ti o que te resguardava,
não coração, mas o decoro.

Pátria de aves marinhas,
me ensinaste
quanto sei dos pássaros.
Mostraste-me a escama
polida dos peixes,
o tesouro plenário
da natureza,
foste catalogando rios, flores,
moluscos e vulcões.
Nas encarniçadas
regiões de minha pátria
chegou Darwin o jovem,
com sua lâmpada
e sua luz alumiou sob a terra
e sob o mar profundo
tudo o que temos:
plantas, metais, vidas
que tecem a estrutura
de nossa obscura estrela.

Mais tarde Hudson
nas campinas
se ocupou dos pássaros que haviam
sido esquecidos pelos livros
e com eles
encheu a geografia
que nos está parindo pouco a pouco.

Inglaterra,
és doce
descobridora
de plumas e raízes,
pudeste
ser o conhecimento enamorado,
e agora
por que permites
que em tua beira
vivam os destruidores de aves,
os rapaces, os enterradores?
Foste
penetradora
do mais secreto
labirinto
da vida e as vidas,
e agora,
quando escutamos
tua voz
ouvimos a cinza,
a destruição do pó, a agonia.
Eu sei que cantas
e és
singela como tua perdida gente
de subúrbios e minas,
grave e crepitante
como o carvão que escavas.

Peço-te,
Inglaterra,
que voltes
a ser
inglesa,

me ouves?
Sim, que sejas
inglesa,
que não te macaquizem,
que não te policiem, que respires,
que sejas e que sejas
o que tens sido
em teu campo e teus povoados,
horto frutal de pássaros e gentes,
humanidade simples,
refúgio dos homens perseguidos,
descobridora de aves.

Inglaterra,
peço-te
que sejas uma rainha das ilhas,
não uma vassala insular,
que obedeças
a teu coro de pássaros marinhos,
a tua simples estirpe
mineira e marinheira.
Eu vou dizer-te em segredo
que desejamos amar-te.
É difícil,
tu sabes
quantas coisas ocorreram
nos distantes territórios,
sangue, explorados,
et cetera e et cetera.
E então, agora,
na hora do amor
te queremos amar.
Prepara-te como antes

para o amor que volta,
para o amor que sobe
na onda mais alta
do oceano humano.
Prepara-te
na paz,
e então,
volta a ser o que amamos,
homens como nós,
terra como a nossa,
isso é o que desejamos.
Todos
vivemos
na terra
sob os mesmos bosques,
sobre a mesma areia.

Não podemos
contrariar o outono,
ou lutar
contra a primavera,
temos
que viver
sobre as mesmas ondas.
São nossas, dos homens,
dos meninos.

Todas
as ondas,
não têm selo algum,
nem a terra
tem selo,
por isso
homens de tantas raças e regiões

nesta época
da fertilidade, dos destinos
e das invenções,
podemos descobrir
o grande amor
e implantá-lo
sobre os mares e sobre a terra.

XIV. A LUZ QUEIMADA

I. A CHAMA NEGRA

ESTÁ a rosa de hoje no anúncio
de ontem sobre o ramo.
É só claridade, luz construída,
borbotão de beleza,
pequeno raio vermelho
levantado na terra.
Os pinheiros no vento
derramam seu som e suas agulhas,
o sal do mar recolhe
o peso azul, opressor do céu.

De paz é este dia
largo e aberto e claro
como o novo edifício de uma escola.
De paz está feito o vento
que atravessa a altura dos pinheiros.
De paz, meu amor, é esta
luz de tua cabeleira
que cai sobre minhas mãos
quando reclinas a cabeça e fechas,
por um só minuto,
as portas da terra,
do mar e dos pinheiros.
Não é pétala, não é rosa,
não é labareda negra:
é sangue, agora,
neste dia mais além do vento.

II. A TERRA TEMPESTUOSA

AMOR, amor, agora
furada com teus olhos
a espessura.
É no Vietnam, um acre
olor de luz queimada,
um vento de perfume e sepultura.
Avança
com teus olhos,
abre entre lianas e canaviais
o caminho do raio de teus olhos.
Vejo
os heróis
desgarrados,
de sol a sol, sem noite, sem orvalho,
pequenos capitães
do suor e a pólvora
defendendo a pele emaranhada,
a terra tempestuosa,
as flores da pátria.

Jovens do Vietnam escurecidos
pela selva, pelo silêncio
e pela mentira:
eu não mereço o mar,
não mereço
este dia de paz e de jasmins.
Para vós é, para vós,
o tesouro terrestre,
para todos
os que do invasor e de seu fogo
centímetro a centímetro,

com seu sangue e seus ossos,
reconquistam a pátria.
Para eles
a paz do dia e a paz da manhã
que entrelaçadas
num rincão de selva ou de cimento
as teremos conquistado
para todos os homens.

XV. A LÂMPADA MARINHA

I. O PORTO COR DE CÉU

QUANDO TU desembarcas
em Lisboa,
céu celeste e rosa rosa,
estuque branco e ouro,
pétalas de ladrilho,
as casas,
as portas,
os telhados,
as janelas
salpicadas do ouro limoeiro,
do azul ultramar dos navios.
Quando desembarcas
não conheces,
não sabes que detrás das janelas
escutam,
rondam
carcereiros de luto,
retóricos, corretos,
arreando presos às ilhas,
condenando ao silêncio,
pululando
como esquadras de sombras
sob janelas verdes,
entre montes azuis,
a polícia
sob as outonais cornucópias
buscando portugueses,
rasgando o solo,
destinando os homens à sombra.

II. A CÍTARA ESQUECIDA

OH PORTUGAL formoso,
cesta de fruta e flores,
emerges
na margem prateada do oceano,
na espuma da Europa,
com a cítara de ouro
que te deixou Camões,
cantando com doçura,
espargindo nas bocas do Atlântico
teu olor tempestuoso de vinhedos,
de acasos marinhos,
tua luminosa lua entrecortada
por nuvens e tormentas.

III. OS PRESÍDIOS

PORÉM,
português da rua,
entre nós,
ninguém nos escuta,
sabes
onde
está Álvaro Cunhal?
Reconheces a ausência
do valente
Militão?
Moça portuguesa,
passas como bailando
pelas ruas
rosadas de Lisboa,
porém,

sabes onde caiu Bento Gonçalves,
o português mais puro,
a honra de teu mar e de tua areia?
Sabes
que existe
uma ilha,
a Ilha do Sal,
e Tarrafal nela
verte sombra?

Sim, o sabes, moça,
rapaz, sim, o sabes.
Em silêncio
a palavra
anda com lentidão mas percorre
não só Portugal, mas a terra.
Sim sabemos,
em remotos países,
que há trinta anos
uma lápide
espessa como tumba ou como túnica
de clerical morcego
afoga, Portugal, teu triste gorjeio,
borrifa tua doçura
com gotas de martírio
e mantém suas cúpulas de sombra.

IV. O MAR E OS JASMINS

DE TUA MÃO pequena em outra hora
saíram criaturas
debulhadas
no espanto da geografia.

Assim voltou Camões
para deixar-te um ramo de jasmins
que continuou florescendo.
A inteligência ardeu como uma vinha
de transparentes uvas
em tua raça.
Guerra Junqueiro entre as ondas
deixou tombar seu trovão
de liberdade bravia
que transportou o oceano em seu canto,
e outros multiplicaram
teu esplendor de roseiras e cachos
como se de teu território estreito
brotassem grandes mãos
derramando sementes
para toda a terra.

No entanto,
o tempo te enterrou.
O pó clerical
acumulado em Coimbra
caiu em teu rosto
de laranja oceânica
e cobriu o esplendor de tua cintura.

V. A LÂMPADA MARINHA

PORTUGAL,
volta ao mar, a teus navios,
Portugal, volta ao homem, ao marinheiro,
à tua terra volta, à tua fragrância,
à tua razão livre no vento,
de novo

à luz matutina
do cravo e a espuma.
Mostra-nos teu tesouro,
teus homens, tuas mulheres.
Não escondas mais teu rosto
de embarcação valente
posta nas avançadas do oceano.
Portugal, navegante,
descobridor de ilhas,
inventor de pimentas,
descobre o novo homem,
as ilhas assombradas,
descobre o arquipélago no tempo.
A súbita
aparição
do pão
sobre a mesa,
a aurora,
descobre-a,
descobridor de auroras.

Como é isto?

Como podes negar-te
ao céu da luz, tu, que mostraste
caminhos aos cegos?

Tu, doce e férreo e velho,
estreito e largo pai
do horizonte, como
podes trancar a porta
aos novos cachos
e ao vento com estrelas do Oriente?

Proa da Europa, busca
na corrente
as ondas ancestrais,
a marítima barba
de Camões.
Rompe
as teias de aranha
que cobrem teu fragrante arvoredo,
e então
a nós os filhos de teus filhos,
aqueles para os quais
descobriste a areia
até então obscura
da geografia deslumbrante,
mostra-nos que podes
atravessar de novo
o novo mar escuro
e descobrir o homem que nasceu
nas ilhas maiores da terra.
Navega, Portugal, a hora
chegou, levanta
tua estatura de proa
e entre as ilhas e os homens volta
a ser caminho.
Nesta idade conjuga
tua luz, volta a ser lâmpada:

aprenderás de novo a ser estrela.

XVI. A TERRA E A PINTURA

I. CHEGADA A PORTO PICASSO

DESEMBARQUEI em Picasso às seis dos dias de outono, recém
o céu anunciava seu desenvolvimento rosa, olhei ao redor, Picasso
se estendia e acendia como o fogo do amanhecer. Longe atrás
ficavam as cordilheiras azuis e entre elas levantando-se no vale o Arlequim de cinza.
Eis aqui: eu vinha de Antofagasta e de Maracaibo, eu vinha de Tucumán
e da terceira Patagônia, aquela de dentes gelados roídos pelo trovão, aquela de bandeira submersa na neve perpétua.

E eu então desembarquei, e vi grandes mulheres de cor de maçã
nas margens de Picasso, olhos desmedidos, braços que reconheci:
talvez a Amazônia, talvez era a Forma.

E ao oeste eram saltimbancos desvalidos rodando para o amarelo,
e músicos com todos os quadros da música, e ainda mais, além a geografia
povoou-se de uma desgarrada emigração de mulheres, de arestas, de pétalas e chamas,
e no meio de Picasso entre as duas planícies e a árvore de vidro,
vi uma Guernica em que permaneceu o sangue como um grande rio, cuja corrente
se converteu na taça do cavalo e a lâmpada:

ardente sangue sobe aos focinhos,
úmida luz que acusa para sempre.

Assim, pois, nas terras de Picasso de Sul a Oeste,
toda a vida e as vidas faziam de morada
e o mar e o mundo ali foram acumulando
seu cereal e sua salpicadura.

Encontrei ali o arranhado fragmento
do giz, a casca do cobre,
e a ferradura morta que lá de suas feridas
para a eternidade dos metais cresce,
e vi a terra entrar como o pão nos fornos
e a vi aparecer com um filho sagrado.

Também o galo negro de encefálica espuma
encontrei, com um ramo de arame e arrabaldes,
o gato azul com seu leque de unhas,
o tigre adiantado sobre os esqueletos.

Eu fui reconhecendo as marcas que tremeram
na foz da água em que nasci.
Primeiro foi esta pedra com espinhos, ali onde
sobressaiu, ilusório, o ramo desgarrado
e a madeira em cuja rota genealogia
nascem as bruscas aves de meu fogo natal.

Mas o touro assomou lá dos corredores
no centro terrestre, eu vi sua voz, chegava
escavando as terras de Picasso, cobria
a efígie com os mantos da tinta violeta,
e vi chegar o colo de sua escura catástrofe
e todos os bordados de sua baba invencível.
Picasso de Altamira, Touro do Orinoco,
torres de águas pelo amor endurecidas,

terra de minerais mãos que converteram
como o arado, em parto a inocência do musgo.

Aqui está o touro de quem a cauda arrasta
o sal e a aspereza, e em seu rodo
treme o colar da Espanha com um ruído seco,
como um saco de ossos que a lua derrama.

Oh circo em que a seda continua ardendo
como um esquecimento de papoulas na areia
e já não há senão dia, tempo, terra, destino
para enfrentar, touro do ar desaguado.
Esta corrida tem todo o lilás luto,
a bandeira do vinho que rompeu as vasilhas:
e ainda mais: é a planta de pó do arrieiro
e as acumuladas vestiduras que guardam
o distante silêncio da carnificina.
Sobe Espanha por estas escadas, rugas
de ouro e de fome, e o rosto fechado da cólera
e ainda mais, examinai seu leque: não há pálpebras.
Há uma negra luz que nos fita sem olhos.
Pai da Pomba, que com ela
desprendida na luz chegaste ao dia,
recém-fundada em seu papel de rosa,
recém-limpa de sangue e de orvalho,
na clara reunião das bandeiras.

Paz ou pomba, gesto radiante!

Círculo, reunião do terrestre!

Espiga pura entre as flechas rubras!
Súbita direção da esperança!
Contigo estamos no fundo revolto
da argila, e hoje no duradouro
metal da esperança.

                              "É Picasso",
diz a pescadora, atando prata,
e o novo outono arranha
                    o estandarte
do pastor: o cordeiro que recebe uma folha
do céu em Vallauris,
e ouve passar as agremiações em sua colmeia, perto
do mar e sua coroa de cedro simultâneo.

Forte é nossa medida quando
arrojamos – amando o simples homem –
tua brasa na lança, na bandeira.
Não estava nos desígnios do escorpião teu rosto.
Quis morder às vezes e encontrou teu cristal
desmedido,
tua lâmpada sob a terra,
                    e então?
Então pela margem da terra crescemos,
rumo à outra margem da terra crescemos.

Quem não escuta estes passos ouve teus passos. Ouve
lá da infinidade do tempo este caminho.
Larga é a terra. Não está tua mão sozinha.
Ampla é a luz. Acende-a sobre nós.

II. A GUTUSSO, DA ITÁLIA

GUTUSSO, até tua pátria chegou a cor azul
para saber como é o vento e para conhecer a água.
Gutusso, de tua pátria veio a luz
e pela terra foi nascendo o fogo.
Em tua pátria, Gutusso, a lua tem cor
de uvas brancas, de mel, de limões caídos,

mas não há terra,
mas não há pão!

Tu dás a terra, o pão, em tua pintura.

Bom padeiro, dá-me tua mão que levanta
sobre nossas bandeiras a rosa da farinha.
Agrônomo, pintaste a terra que repartes.
Pescador, tua colheita palpitante
sai de teus pincéis rumo às casas pobres.
Mineiro, perfuraste com uma flor de ferro
as escurezas, e voltas com o rosto manchado
para dar-nos a dureza da noite escavada.
Soldado, trigo e pólvora na tela,
defendes o caminho.

Labregos do Sul, rumo à terra, em teus quadros!
Gente sem terra, rumo à estrela terrestre!

Homens sem rostos que em tua pintura têm nome!
Pálpebras do combate que avançam para o fogo!
Pão da luta, punhos da cólera!
Corações de terra coroados
pela eletricidade das espigas!
Grave passo do povo para o amanhã,
para a decisão, para ser homens,
para semear, para ordenhar deixando
em tua pintura seu primeiro retrato.

Estes – como se chamam? Lá dos velhos muros
de tua pátria perguntam os senhores
de grande colar e de maligna espada
– quem são? E de sua rotunda –
seios de açúcar – a imperial Paulina,
nua e fria – quem são?, pergunta.

– Somos a terra, dizem as enxadas.
– Hoje existimos, diz o segador.
– Somos o povo, canta o dia.
Eu te pergunto – estamos sós? E me responde um rosto
que deixaste entre outros camponeses. Não é certo!
Já não é verdade que tu, solitário violino,
ineficaz noturno, fitando-te o espectro,
queres voar sem que os pés conservem
fragmentos, terra, bosques e batalhas!
Ai, com estes sapatos marchei contigo
medindo sementeiras e mercados!

Eu conheci um pintor da Nicarágua. As árvores
ali são tempestuosas e desatam suas flores
como vulcões verdes. Os rios aniquilam
em sua corrente rios sobrepostos
de borboletas e os cárceres
estão cheios de gritos e de feridas!

E este pintor chegou a Paris, e então
pintou um pontinho de cor ocre pálido
numa tela branca, branca, branca,
e a este pôs um marco, marco, marco.
Ele veio ver-me então e eu me senti triste,
porque detrás do pequeno homenzinho e seu ponto
Nicarágua chorava, sem que ninguém a ouvisse,

Nicarágua enterrava suas dores
e suas carnificinas na selva.

Pintura, pintura para nossos heróis, para nossos mortos!
Pintura cor de maçã e de sangue para nossos povos!

Pintura com os rostos e as mãos que conhecemos e que
não queremos esquecer! E que surja a cor das reuniões
o movimento das bandeiras, as vítimas da polícia.
Que sejam louvadas e pintadas e escritas
as reuniões de trabalhadores, o meio-dia da greve,
o tesouro dos pescadores, a noite do fogueiro,
os passos da vitória, a tempestade da China,
a respiração ilimitada da União Soviética,
e o homem: cada homem com seu ofício e sua lâmpada
com a segurança de sua terra e seu pão.

Abraço-te, irmão, porque cumpres em tua areia
o destino de luta e luz da Itália.
Que o trigo de amanhã
pinte sobre a terra com suas linhas de ouro
a paz do povo.
Então, quando o ar
numa onda remover a colheita do mundo,
cantará o pão em todas as campinas.

XVII. O MEL DA HUNGRIA

I. EU VINHA DE LONGE

EU TRAZIA às costas
um saco
de negros sofrimentos,
a noite das minas
de minha pátria.
Quando o carvão
de Lota
na locomotiva
arde,
se põe rubro
e queima
não é fogo,
é sangue,
sangue dos mineiros de minha pátria,
escuro sangue que acusa.
E assim
dobrado
sob meu saco negro
de sangue e de carvão fui transgredindo
os caminhos da Europa,
a lua de prata gasta
pelos olhos humanos,
as velhas pontes quebradas
pela guerra,
as cidades vazias
com suas janelas ocas
e seus escombros onde o pasto cresce,
as urtigas,

o triste saramago,
com medo,
sem raízes.
Assim vaguei pelas ruas bombardeadas
buscando a verde esperança,
até que a encontrei
vestida de água e de ouro
nas margens duplas
de Budapeste um dia.

II. CRESCEM OS ANOS

HUNGRIA,
duplo é teu rosto como uma medalha.
Eu te encontrei no verão
e era
teu perfil bosque e trigo:
o rápido verão
com seu manto de ouro
teu doce corpo verde recobria.
Mais tarde
te vi cheia de neve,
oh bela rosada
de dentes brancos e coroa branca,
estrela do inverno,
pátria da brancura!

E assim teu duplo rosto de medalha
amei passando sobre tuas pupilas
meus beijos bem-vindos na aurora,
porque construías
o sol que ia nascendo,
tua bandeira,

o passo de teu povo
nas estepes,
as ferramentas puras
da libertação, o aço
com que se forjaram as estrelas.
Junto a mim cresce
este tempo,
esta época
como um rápido bosque,
como planta vulcânica
cheia de vida e folhas,
minha época
de sangue e claridade, de noite fria
e esplendor matutino.
Novas cidades crescem,
amanhecem bandeiras,
se afirmam as repúblicas
do socialismo em marcha,
Vietnam palpita
porque em sangue e dores
nasce uma nova vida.

Minha época
loureiro e lua cheia,
amor e pólvora!

Eu vi
nascer, crescer os anos,
parir a velha terra
robustas, novas coisas.
Penso
no homem perdido
de outro tempo
que não viu nascer nada,

que se precipitou de rua em rua,
de noite em noite fria,
subiu escadas,
encheu-se de fumaça,
e nunca viu onde terminavam
os degraus nem a fumaça.
Aquele homem
foi como um cogumelo na selva,
na umidade escura
dissipou suas heranças,
não viu sobre o bosque a altura
tatuada com estrelas,
não vislumbrou sob seus pés
entrelaçar-se todos
os germes do bosque.
Eu sinto, olho, toco
o crescimento
do que sobrevém,
vou de uma terra a outra constatando,
somando o indelével,
acrescendo os passos,
reunindo as sílabas
do canto do vento na terra.

III. ADIANTE!

URSS,
China,
Repúblicas
populares,
oh mundo
socialista,

mundo
meu,
produz,
faz árvores, canais,
arroz, aço,
cereais, usinas,
livros, locomotivas,
tratores e gados.
Tira do mar teus peixes
e da terra rica as colheitas
mais douradas do mundo.
Que lá das estrelas
se divisem
brilhando como minas descobertas
teus celeiros,
que trepidem os pés no planeta
com o ritmo de ataque
das perfuradoras,
que o carvão de seu berço
saia num grito vermelho
rumo às fundições eminentes,
e o pão diário
se desborde,
o mel, a carne
sejam puros oceanos,
as rodas verdes das maquinarias
se ajustem aos eixos oceânicos.
Busca sob a neve,
e na altura,
que tuas asas de paz deslumbradora
povoem de música motorizada
as últimas esferas
da pátria celeste.

Eu habito
no mundo do ódio.
Querem
que um vento terrível destrua as colheitas.
Que não se reincorporem tuas cidades.
Querem
que rebentem teus motores
e que não cheguem pão nem vinho
às múltiplas bocas de teus povos.
Querem negar-te a água,
a vida, o ar.
Por isso,
homem do mundo socialista, assume,
assume sorridente,
coroado de flores e de usinas,
erguido sobre todos
os frutos deste mundo.

XVIII. FRANÇA FLORIDA, VOLTA!

> *France, jadis on te soulait nommer*
> *En tous pays, le trésor de noblesse*
> *Par un chacun pouvoir en toi trouver*
> *Bonté, bonheur, loyauté, gentillesse,*
> *Clergie, sens, courtoisie, proesse.*
> *Tous estrangiers amoient te suir.*
> *Et maintenant voy dont j'ay desplaisance...*
>
> Charles D'Orléans (1430)

I. A ESTAÇÃO SE INAUGURA

QUANDO sob a terra
se preparam
as estações,
as seivas, as raízes,
as sementes,
o fogo,
a água
falam
buscando-se adereços,
polindo a caoba
da castanha futura,
endurecendo o níveo
marfim das amêndoas,
combinando os fios
das trepadeiras,
levantando o açúcar
verde dos cachos,
então

tudo está preparado:
o outono de mãos rubras,
ou a primavera pura,
ou o verão nos rios,
ou o inverno cor de estrela,
e França abre as portas:
inaugura-se o tempo.

Porque ali são mais belos
os bailes das folhas,
a seda crepitante
do outono nos bosques.
Ali as águas sabem
cantar de acordo
com o violino do vento.
Catedral e campina
faz já muitos anos
florescem recebendo
o mesmo beijo dúplice da chuva.
Ali no país de França
nasceu o vinho,
logo na transparência da taça
as palavras acharam
forma e som de cristal maduro
e os homens cantaram.

Ali
sempre os homens cantaram.

Chegou a guerra
como um alcatrão implacável,
mas do luto
a França saltou cantando.

Cantaram os valentes no muro
dos fuzilamentos. Cantaram
os comunistas da Comuna.
Cantou, decapitada,
a filha de Jean Richard. Canta
o povo da França,
enquanto os mercadores
atlânticos
vão preparando a carnificina.

Mas não apenas sala de espaçoso outono
ou primaveril pedraria
és, jardim
da França, rua
da França,

combatente,
escreveste com pedra e sangue
teu nome na muralha
do destino,
e como em ti os rios são seguros
de sua harmoniosa abundância,
assim teu povo,
rumo à plenitude, de margem a margem,
cumulado de lutas e dons,
restaurará, cantando,
a alegria.

II. E NÃO OBSTANTE...

EU FIZ uso
de Rabelais para a vida minha
como dos tomates.
Para mim

foi essencial sua carnívora trombeta,
sua principal algazarra.
E não obstante...
Aquela noite sozinha,
passei na costa dos pobres ricos,
na França lunática do Sul.

Eu vinha terrestre,
com o pó do Sul, a neve vermelha,
o ocaso de todos os caminhos.
Vinha feliz.

Eu despertava
com o colo dourado
da alegria
sob meu braço esquerdo,
com o talo amorado de uma rosa
sob meus novos beijos,
e então
a polícia,
muito correta,
me ofereceu cigarros
e me expulsou da França.

Era depois da primeira noite
de França. Entre sua terra
e meu corpo adormecido
o tempo havia passado
e aquela noite, sem sonhos,
em mim subiu a terra
com estrofes e vinhas.
Tremeu o coração enquanto dormia:
a terra o enchia
de elétrica beleza,

o tingia de verde,
água de França e vinho,
pâmpanos e raízes.

Antigos mortos amados,
açafrão e jasmins,
envolviam-me adormecido,
e eu pelas fragrâncias da terra
naveguei, trespassado,
até que o dia impôs sua espada branca
com gotas de orvalho
e então
veio
quem, senão ela,
a França de hoje,
a polícia,
e embora o navio me esperasse ancorado
para voltar ao Chile,
ali, entre cigarros, me expulsaram
de quase tudo o que amo,
e de nada serviu que eu servisse
a memória
de Charles D'Orléans, limpando diariamente
sua guitarra de luto,
de nada me serviu que Rimbaud viva
clandestino
em minha casa,
desde há muitos anos.
Ai de nada,
ai de nada.
Nem os olhos de Éluard como duas lâmpadas
de fogo azul sobre meus ombros.
Nada serviu.

A polícia
falava de instruções superiores,
e que fique bem claro:
não devo retornar nunca.
Não posso
pôr um só sapato
nesse proibido território.
Devo entender as coisas:
nem de trânsito,
nem voar por cima,
nem cruzar por baixo,
nem sussurrar junto ao mar, às ondas
da Normandia que amo.
Não posso
disfarçar-me de árvore e receber a chuva,
dormir junto aos berros.
Não devo junto a um rio
cantar ou chorar de alegria.
Não posso
comer queijo silvestre
com as alfaces
que ali são como lábios. Não posso
em Saint Louis de la Isla
beber meu vinho branco,
nenhuma,
nenhuma
tarde mais
de minha vida.

Foram completamente claros
e inteiramente obscuros.
Expulsam-me. Está claro.
Por que me expulsam? Obscuro.

Assim, a polícia
tomou em suas mãos
a condecoração que em outro tempo
o conde de Dampierre me deixou na lapela,
olharam-na
como se fosse um alho sujo
ou um toco de cigarro com gosto de sabão.
Eles tinham
instruções
eminentemente superiores,
e assim foi, cavalheiros e senhoras,
como parti da França.
É natural,
não necessito
explicar-me.

Todos sabemos
que a Embaixada
do Far West,
com seus vaqueiros,
cospem nas lâmpadas de cristal em Versailles.
Que com tabaco na boca
Jim Cola Cola
urina as estátuas
de Fontainebleau, as cegas
estátuas de rainhas adormecidas.
Todos sabemos isso,
porém,
não quero falar a respeito,
não é meu tema.

Se eu tivesse
vinte anos
e se me houvessem

arrancado
a França da cintura,
este seria um longo
lamento, um comprido pranto.
Eu teria escrito
a morte e as exéquias
da mais olorosa
primavera.

Mas, agora,
com tantas cicatrizes
que ainda não conseguiram
matar meu coração,
com a alegria
sem despertar ainda entre meus braços,
com toda a vida adiante,
com a esperança,
com tudo o que vem
quando nós não seremos mais,
com a França que amanhã
despertará também,
porque nunca dormiu,
com todos os jasmins e as vinhas,
as ruas, os caminhos,
e as canções que amo,
e que ninguém muito menos
a polícia
poderão arrancar-me da alma,
posso dizer, senhores
e senhoras,
que amo a doce França,
de onde me expulsaram.
E que continuo

vivendo
como se ali vivesse,
com sua terra e seus heróis,
com seu vinho e seu povo,
e que não despertei oficialmente
daquela única noite
em que todo o aroma
de sua profundeza e sua doçura
subiu em meu sonho para despedir-me.

III. MAIS DE UMA FRANÇA

TRANSPARENTE
é a terra:
bolha de água e ferro,
taça verde
de oceanos, campinas,
distâncias,
ondas de quartzo e cobre
nela se aquietaram.
O carvão no fundo
de corredores cegos
repousa sua energia.
Frutas e cereais
como o manto
de um antigo monarca
e cobrem com estrelas
amarelas:

desbordante é a taça
da terra:

toda a luz e toda
a sombra a acendem

e apagam,
ásperas, com espinhos
do inverno,
doce, cheia de todas
as doçuras:
planeta, guardas algo
mais vivente
e elétrico
que todos os metais:

é o homem
o pequeninho
ser que treme,
cai e levanta
a fronte mais ferida
e com o braço recém-arranhado
empunha os relâmpagos.

Vejo
os bosques calorosos,
a selva
em Laos,
insetos como folhas,
leopardos
de força silenciosa
e cintura fosfórica,
as grandes árvores trançadas
na antiga terra,
os monumentos úmidos
com seus narizes quebrados
e os olhos por onde
irrompem as ramagens.
Nada disto
nos interessa:

atende;
espera,
olha!
Aqui está o que amas:

Um pequeno
homem livre
com um rifle,
esperando.
É ele,
o guerrilheiro do Cambodja.
Espera
o mecânico passo
do invasor blindado.
Não pensa
na febre que espreita,
na serpente
de elétrico veneno:
só espera
e soldado
estrangeiro.

Ali na selva
as folhas
são sua pátria,
cada som de ave
ou água,
cada voo
de borboleta ou pálpebra,
é sua pátria.
A pátria é uma folhagem
e em sua sombra
o homem,
o homem pequeninho,

defendendo
cada uma
de suas folhas.
Vietnam do outro lado.
Há rios pardos, trêmulos
de vidas e mensagens
que vão de terra a terra.
Os franceses
das cidades
ouvem o cochicho
da folhagem.
Por que deixaram
a frutal primavera
da França?
Disseram-lhes
que trariam
a cultura
e desde então
as metralhadoras
e o napalm
de Eisenhower,
a ruína e o incêndio,
desembarcam
com eles, os franceses.

Os netos
de Victor Hugo
não trazem
livros
mas
terríveis balas,
dores,
sangue.

Por isso
lá de Saigon se eleva
um negro
murmúrio
de fumaça e medo
que atravessa a terra
e cai
sobre a França,
sobre certas pequenas
casas pobres
cai
o medo da Indochina.

A morte,
uma notícia
com um nome de luto,
chega
como uma águia negra
das alturas da Ásia
e entra
na primavera
matutina da França
com uma sombra rápida
de garras.

IV. HENRI MARTIN

HENRI MARTIN escuta
o rumor
que fazem o medo e o sangue.

Em sua prisão de França
ouve
as bandeiras do bosque.

Os seus morrem
inutilmente,
apodrecem, se os carregam
escaravelhos cor de estanho.
Caem
filhos da França
lá longe.
Por quê?
Henri Martin se opôs
à carnificina
sem glória,
e agora
com um traje listrado,
com um número nas costas,
trabalha encarcerado
a radiante
honra da França.

Para desembarcar com aguaceiro
quente, entre as moscas,
tanques e pústulas,
maldições, desgraças,
para desembarcar
rapazes
nascidos da rosa
da França,
filhos
do jasmim e as uvas,
para matá-los,
para condecorá-los
e assassiná-los,
o governinho
da França

deve crucificar a honra,
encarcerá-la,
pôr-lhe traje listrado,
numerá-lo,
deve industrializar sua estrumeira
para vendê-la aos
cowboys de Washington,
deve romper os ossos
da antiga
honra nunca extinta.
Por isso
Henri Martin,
radiante,
indomável
através das barras
que aprisionam
os olhos tricolores
de seu povo,
olha
como cai
o sangue nos pântanos,
lá longe,
sem glória,
sob as asas tórridas,
e os escaravelhos
com suas pequenas
bocas de estanho
carreando
às úmidas tocas,
homens,
fragmentos de rapazes,
a força e a doçura

da França
sacrificada
para que os cowboys
da Filadélfia
dancem com a suavíssima senhora
do embaixador da França.

Henri Martin: o trevo
do pasto matutino,
as coisas mais humildes,
o banco
do carpinteiro,
a flor azul sem nome
entre as pedras,
o terrível vento sulfúrico
de Chuquicamata na noite,
os homens
amontoados
nas minas,
o pão,
o guerrilheiro
de nossa dolorosa,
materna, infortunada,
heroica
Grécia de hoje.

tudo

o simples, o que sem aprender e sem sabê-lo
canta em todas as terras e os rios,

tudo

te saúda,
Henri Martin, honra

de quanto existe, irmão
da claridade e do sonho,
irmão
da retidão e do dia,
irmão
de toda a esperança,
marinheiro.

Eu passo e vejo o mundo.
Ali estive,
ali onde estiveste.
Conheço
o sangue e a morte.
Por isso, porque és
o irmão
da vida,
Henri Martin, honra
da França, folha
da mais alta azinheira,
loureiro das campinas,
herói
da paz e da pureza,
te saúdo
com a simplicidade
da areia e a neve
de minha pátria distante.

XIX. AGORA CANTA O DANÚBIO

> *... Danúbio, río divino*
> *que por fieras naciones*
> *vas con tus claras ondas discurriendo.*
>
> *Garcilaso De La Vega*
> Canção III

I. DEDOS QUEIMADOS

ROMÊNIA antiga, Bucareste dourada,
como te assemelhavas
às nossas infernais e celestes
repúblicas
da América.

Pastoril eras e sombria.
Espinhos e asperezas resguardavam
tua miséria terrível,
enquanto Mme. Charmante
divagava em francês pelos salões.
O látego caía
sobre as cicatrizes de teu povo,
enquanto os elegantes literários
em sua revista *Sur* (seguramente)
estudavam Lawrence, o espião,
ou Heidegger ou a "notre petit Drieu".
"Tout allait bien a Bucarest."
O petróleo
deixava queimaduras nos dedos
e enegrecia rostos
de romenos sem nome,

mas se fazia coro
de libras esterlinas
em Nova York e em Londres.
Por isso
era tão elegante Bucareste,
tão suaves as senhoras.
"Ah quel charme, monsieur."
Enquanto a fome
rondava levantando
seu possuidor vazio
pelos subúrbios negros
e o campo infortunado.
Ah, sim senhores, era
exatamente como Buenos Aires,
como Santiago ou Lima,
Bogotá e São Paulo.
Dançavam uns poucos na sala
permutando suspiros,
o Clube e as revistas literárias
eram muito europeus,
a fome era romena,
o frio era romeno,
o pranto dos pobres
no comum ossário era romeno,
e assim andava a vida
de flor em flor como no meu continente
com as prisões repletas
e a valsa nos jardins.

Oui, Madame, que mundo
se foi, que irreparável
perda para toda
a gente distinta!

Bucareste já não existe.
Esse gosto, essa linha,
essa primorosa mescla
de podridão e de "pâtisserie"!
Terrível me parece.
Contam-me
que até a cor local,
os pinturescos trajes esfarrapados,
os mendigos retorcidos como pobres raízes,
as meninas que tremendo
esperavam a noite
às portas do baile,
tudo isso, horror, desapareceu.

Que faremos, chère Madame?
Em outra parte faremos
uma revista *Sur* de fazendeiros
profundamente preocupados
com a "métaphisique".

II. A BOCA QUE CANTA

VOU desde os pinhais
até as bocas descidas do Danúbio,
o ar azul sacode
as vidas e a vida.
O ar limpa o fundo
dos salões, entra
pelas janelas
um vento de bandeiras populares.
Apagando nesta hora,
Romênia, com tuas mãos os farrapos
de teu povo, mostraste

uma nova cabeça, novos olhos,
nova boca que canta,
e não só uma raça de pastores
mostras hoje na terra,
mas uma deslumbrante
construção que caminha.

III. UMA IMPRENSA

EU VI uma imprensa alçar-se
tão poderosa
como em minha terra um Banco.
Vi tijolo a tijolo
modelar a forma
daquela catedral da palavra,
subir as paredes
e logo
resplandecer as linotipias,
o aço azeitado,
e entrar a rotativa
como o tanque maior
da tipografia.

Era formoso
ver como entrava
a férrea mãe
da luz escrita.
Rechinando
avançava
e a seu lado
como formigas azuis,
os operários.

Cheirava a vento
com azeite férreo,
cheirava a fruta nova
e a silêncio,
cheirava a tempo grande que vinha.
Era formoso,
mais belo que as folhas e as árvores,
mais belo que as flores,
ver como para a altura
caminhava a imprensa.
Ali onde as damas
antigamente
se inclinavam
diante de um pequeno crápula da Europa,
o coroado Carol,
ali crescia como
a catedral do vento
uma imprensa
maior
que um Banco do Ocidente,
maior que uma usina
de fuzis,
mais bela
que um plantel de açucenas acesas,
mais alta
que nossas árvores americanas.

IV. OS DEUSES DO RIO

OVÍDIO e Garcilaso desterrados
ontem em tuas ribeiras,
Romênia, te coroem,
te coroem e cantem.

Águas leve teu rio fecundando
as vidas e a areia,
povoe o amor tuas casas e teus bosques,
com cachos se cubram
teus braços e tuas faces.

Não só ao homem
livre
de tuas novas cidades e campinas
celebro.
Não só aos trabalhos criadores
de escolas e de usinas
eu dedico meu canto.
Não só aos canais
abertos na rocha e na terra
para que andem repartindo espigas
as águas do Danúbio
eu minha lira consagro,
senão a ti, Romênia,
a teu nobre sabor de terra e vinho,
a teu pão generoso
repartido em teu povo,
o aroma de pinheiros e mimosas
que o vento te faz dádiva.
Eu canto
na pele de tuas uvas,
no brilho dos olhos
que dali se juntam aos meus
como dois raios negros,
tuas danças antigas
que hoje brilham na luz que conquistaste
como flores ou fogo,
na amizade de todos,

na mão serena do Partido,
na alegria
da paz romena,
tua lembrança inumerável
que canta como um rio.

Romênia,
hoje lá das areias de minha pátria
eu te escrevo esta carta.
Recebe-a, Romênia.
Leva borrifos do Pacífico,
leva vozes e beijos,
leva neve de altíssimas montanhas,
leva cantos e lutas
de meu povo.

Honra e amor, Romênia,
sobem em ti como duas vinhas novas.

A inteligência fita com teus olhos.
Em tua boca sorriem os cachos.

XX. O ANJO DO COMITÊ CENTRAL

I. O ANJO DA GUARDA

EM MINHA CASA, de menino, me disseram,
"Escuta. Há um anjo
que vai contigo e te defende:
um anjo da Guarda".

Eu cresci, dolorido, nos rincões.
E o pranto acumulado fui deixando
cair de gota em gota em minha escrita.

Adolescente fui, de perigo em perigo,
de noite a noite, com minha própria espada
defendendo meu pão e meu poema,
cortando o lugar da rua escura
que devia cruzar, armazenando
minha solitária força no vazio.

Quem não veio à minha porta para quebrar alguma coisa?
Quem não me trouxe corrosiva lava?
Quem não levou uma pedra venenosa
à velocidade de minha existência?

O proprietário me expulsou iroso.
O elegante desdenhou meu rosto.

E de sua letrinha mexicana
ou de cinzentos silabários,
malévolos barbudos, mercadores
de rosas mortas, poetas
sem poesia, deslizaram tinta

contra minha combatente cabeleira.
Abriram poços de alma lamacenta
para que eu caísse entre seus dentes,
coroaram meu canto com facas,
mas não quis fugir, nem defender-me:
cantei, cantei enchendo-me de estrelas,
cantei sem que ninguém me defendesse,
exceto o azul aço de meu canto.

II. ENTÃO TE OCULTAVAS

ALI ONDE estavas, anjo da Guarda?
Eras tu a vivenda com espinhos
em que devi dormir? Eras a mesa
da pobreza que me preparavam?
Eras o ódio, arame interminável
que tive que cortar, ou talvez eras
a miséria de seres infelizes,
o que fui encontrando nos caminhos,
nas cidades, nos socavões
dos abandonados? Aí, foste invisível,
posto que só a lances de infortúnio,
só rompendo portas inumanas,
vi crescer na minha voz todas as vozes,
e saí entre as vidas ao combate.

III. EU SAÍ DE MINHA PÁTRIA

CRUZEI as cordilheiras a cavalo.

Um tiranete, um bailarino vendia
minha pátria com metais e mineiros,
e enchia de paredes e prisões

o recinto ocupado pela aurora.
Saltei pelas gargantas arranhadas
da natureza galopando
sob um silêncio de arvoredo escuro.
De repente os gélidos pombais
da geleira despenhavam força,
plumas glaciais, puro poderio:
de repente terra e árvores se tornaram
áspera adversidade e cicatrizes,
talha-mares de súbita madeira,
impenetrável densidade tecida
como uma catedral, entre as folhas,
ou titânico sal resvaladiço,
ou desdentado cinturão de pedra.

Ainda mais, desci de repente
a terra vertical, e os ginetes
cindiam com suas tochas o caminho,
onde esperava o deus vertiginoso
de um novo rio desbordando espadas,
despenhando sua música secreta
sobre a hostilidade da espessura.

IV. PRIMEIRA APARIÇÃO DO ANJO

E ALI transpondo o rio,
quando as águas duplicavam
a ação das cavalgaduras,
e de repente uma aragem entrava
como uma flecha na minha garganta,
quando tropeçava a besta
e eram as águas a meu lado
um torrencial lance de agulhas,

e a catarata esperava
como um relâmpago nas pedras,
olhei ali atrás de mim,
e sem barbear-se, enrugado,
com uma pistola e um laço
vi pela primeira vez o anjo.
Ia cuidando-me o anjo,
ia sem asas junto a mim
o anjo do Comitê Central.

V. O ANJO SOLIDÁRIO

IA defendendo-se então
do ar indomável, do rio,
das pedras em furacão
e da aspereza espinhosa.
Ia defendendo-me o anjo,
da matilha que me odiava,
dos que ululando aguardavam
meu sangue nas ruas do crime.

VI. O ANJO DOS PAMPAS

OH LUA inabarcável, nas campinas,
oh sol azul sobre todo o espaço,
pampa de solidão, estrela reta
estendida em desertas dimensões.

Erva argentina, terra interminável,
olor de céu cereal, caminho
feito de todos os caminhos, larga
primavera sem pálpebras, planura.

Eu fui de cabo a cabo, trepidando
na velocidade, transpondo o dia
e a noite nua do planeta.

E ali perdido na distância, quando
o avestruz errante ou a pomba
da terra selvagem apareceram,
quando cansaço e solidão encheram
a taça transparente do pampa,
quando pude sentir-me desamparado e último,
quando fui só ausência, sonho, suor e pó,
rumo à liberdade com os olhos abertos,
com outro rosto,
amarradas as mãos ao volante,
sem sonho e sorrindo através da noite,
ali estava de novo, ali
estava defendendo minha fadiga:
não sei como se chama, talvez López,
talvez Ibieta, o anjo
do Comitê Central.

VII. O ANJO DOS RIOS

SABERÁS talvez que entre os rios férreos
da América passei. O alargamento
do Paraná me recebeu tremendo.
Era sua lentidão como a lua
que se desborda sobre as campinas
e era povoado de secretos lábios
que iam beijando seu gesto selvagem.

Rios territoriais, filhos rubros
das trevas úmidas da América,
eu vim a vossas águas, ao sangue

que noite e dia a combater areias
transporta vosso nome numeroso,
eu fui um ramo equatorial, uma réstia
de terra tua, de fluvial folhagem.

As longas águas me contaram toda
sua cantata de sangue paraguaio
e de Assunção as torres do martírio:
como muda de tigre a espessura,
como o petróleo mancha o estandarte
e como azeite e lodo se derramam
sobre os pobres mortos da pátria.

E o rio me contou o que os mortos
dizem falando do fundo das raízes,
pedindo ajuda ainda lá na morre,
sustendo bandeiras enterradas
enquanto os estrangeiros do petróleo
bebem com o carrasco no palácio.

Ali entre rios te encontrei, as águas
ainda iam dentro de meu próprio sangue
enumerando páginas do bosque,
e ali, anjo novo, estavas no fundo
da América
e sem reconhecer-te, "Camarada
anjo, és tu?" te disse,
e longas terras, trigos, ameaças,
ondas e pinheiros percorremos juntos
até que eu também sobre os mares
fechei os olhos e voei adormecido.

VIII. O ANJO DA POESIA

UNIÃO SOVIÉTICA, floresces
com outras flores que na terra
não têm ainda nome.

Tua firmeza é a flor da árvore do aço.

É tua fraternidade a flor do pão fragrante.
É teu inverno uma flor em que a neve
ilumina o amor sem ameaça.
Eu percorri a terra onde Pushkin voltava
para elevar em seu canto a luz dos cristais,
e presenciei como seu povo levantava
esta constelação sobre as mãos
acostumadas a elevar o trigo.

Pushkin, foste o anjo
do Comitê Central.

Contigo visitei ruínas sagradas
ali onde os soldados de teu povo
defenderam as sílabas de tua alma.

Contigo vi crescer dos escombros
o gigantesco voo da vida,
as rodas do trator rumo ao outono,
novas cidades cheias de ruídos,
aviões amarelos como abelhas.

E quando entrei no museu ou na casa,
na fábrica, no rio que te segue cantando,
ou quando na cidade de Lenin vi apagadas
as cicatrizes do martírio augusto,
oh camarada transparente, estavas

junto a meu coração dando-me toda
a orgulhosa estrutura de tua pátria.

Ali, enfim, um anjo não levava mais arma
que um ramo cristalino de relâmpagos
e ele e toda sua terra defendiam
as sílabas errantes de meu canto.

Ali por fim a paz me resguardava.

E Pushkin me dizia: "Vem comigo
até Novosibirsk, além nas terras
desérticas, povoadas
antes pela solidão e pelas dores,
hoje a bandeira de minha voz passeia
sobre as construções orgulhosas".

Anjo, querias que toda tua vida
visitasse, tocando as espigas,
enumerando fábricas e escolas,
conversando com meninos e soldados.

IX. ANJO VYKA

ANJO hirsuto da Polônia, Vyka,
tenho que fazer-te estas perguntas:
atravessando toda a vida
de teu país, o resplendor ardente
do ferro dominando em Katowicz,
os trigais que estendem sua ondulada alegria
sobre toda a tua terra, as procissões
de medieval catolicismo, a fumaça
do território do carvão, o ar
de Cracóvia, ar de livro seco,
o Báltico outra vez empurrando suas brancas

asas e ondas entre novas gruas,
o tijolo amassado com o pó
da infinita destruição subindo
outra vez no céu de Varsóvia,
e o metálico aroma dos pinheiros em cima
dos lagos masures, testemunhas transparentes
da carnificina,
e de aldeia em aldeia
sobre a destroçada arquitetura
o homem recobrou a beleza
de tua terra, enchendo com sementes
de sua ressurreição todo o silêncio.

Esta fecundidade inesperada
até ontem, este leite transmitido
de boca em boca como um sinal novo,
e essa terra que canta e se reparte
sem evadir-se como a água, mas
outorgando metais e celeiros,
dize-me, anjo Vyka, tu que acompanhaste
com descuidoso coração meus passos,
que tens, que temos que ocultar,
por que intentam negar estas regiões,
estas colheitas, este mel singelo,
por que intentam apagar esta grandeza
e afastar esta vitória humana?
Foste diariamente o silencioso
anjo amigo de estirpe obscura,
apenas para que o bosque resguardasse
as mínimas porções de seus morangos
para teu companheiro de outros mares,
ou o redondo caracol penetrasse
na minha ternura de naturalista,

e assim entre areias e pinhais ou entre
marítimos de Gdansk ou entre motores
toda tua pátria aberta me mostraste
iluminada como um sorriso.

X. ANJO, OH CAMARADA

GUERREIRO solitário, anjo de todas
as latitudes, apareces
talvez nas sombrias cavidades
da mina, quando a repressão e a fadiga
vão dobrar teus braços, e levantas
tuas asas minerais como escudo.

Estão naquela sombra entre os povoados,
quando teu voo organizado cruza
as difíceis terras do espinho,
os aramados negros da morte.
Camarada, te espera o que sucumbe,
te espera o que reserva
sua energia, o que brota do perigo
e o que toma ao perigo. Estás no meio
do tempo tempestuoso, da cólera
com chapéu sovado, semelhante
a todo o mundo, com as asas listas
sob a luz comum de uma pobre jaqueta.
Destes destinos és a unidade.

Sobre a terra inteira estás voando.
Ninguém te reconhece salvo aqueles
que também leem na noite negra
a radiante escrita de amanhã.
Sem ver-te muitos homens

junto a ti passarão, junto à esquina
em que apoiado ao muro serás rua
ou árvore sem nome no arvoredo humano.

Mas o que vem a ti sabe que existes.
E esse, por trás de teus comuns olhos,
adivinha a espada dos povos.

Ou melhor em plena luz nas regiões
libertadas do Este nos recebes a todos,
não como a desterrados, mas sorridente
para dar-nos
a paz, e o pão, as chaves
da terra.

XXI. MEMORIAL DESTES ANOS

I. VEIO A MORTE DE PAUL

NESTES DIAS recebi a morte
de Paul Éluard.
Aí, o pequeno sobrescrito
do telegrama.
Fechei os olhos, era
sua morte, algumas letras,
e um grande vazio branco.

Assim é a morte. Assim
veio através do ar
a flecha de sua morte
a transpassar meus dedos
e ferir-me como espinho
de uma rosa terrível.

Herói ou pão, não recordo
se sua louca doçura
foi a do coroado vencedor
ou foi só o mel que se reparte.
Eu recordo
seus olhos,
gotas daquele oceano celeste,
flores de azul cerejeira,
antiga primavera.
Quantas coisas
caminham pela terra e pelo tempo,
até formar um homem.
Chuva,
pássaros litorais cujo grito

rouco ressoa na espuma,
torres,
jardins e batalhas.

Isso
era Éluard: um homem
rumo ao que tinham vindo
caminhando
raias de chuva, verticais fios
de intempérie,
e espelho de água clássica
em que se refletia e florescia
a torre da paz e a formosura.

II. AGORA SABEMOS

SABEMOS todo o dia,
a noite,
todo o mês sabemos,
todo o ano sabemos.

Noutro tempo o homem
esteve ilhado,
o prazer tapava-lhe os ouvidos,
o céu o reclamava,
chamava-o
o inferno,
e ademais
era obscura
a geografia humana.
Não podia afirmar com precisão
se eram homens
os outros,
os homens das ilhas,

os remotos,
aqueles que de repente
mostravam num dente de elefante
tanta sabedoria
como a porta de uma catedral.

Mas
lá longe
entre nuvens e fumaça,
as colônias,
os vegetais mesmos
se confundiam
com a pele dos sáurios.

Agora
tudo
é diferente.
Pobre amigo,
sabes,
sabes que o homem existe.
Cada dia
te pedem uma assinatura
para arrancar um ser vivente
de um cárcere vivente,
e oprimido
vais conhecendo
os subterrâneos da geografia.

Sabes, sabemos,
cada dia sabemos,
dormindo conhecemos:
já é impossível
cobrir-nos os ouvidos
com o céu.

A terra nos visita
na manhã
e nos dá o desjejum:
sangue e aurora,
trevas ou edifício,
guerra ou agricultura,
e há que escolher, amigo,
cada dia,
sabendo agora,
sabendo melhor agora
onde estão colocadas
tanto a nova vida
como a velha morte.

III. AQUI VEM NAZIM HIKMET

NAZIM, das prisões
recém-saído,
presenteou-me sua camisa bordada
com fios de ouro vermelho
como sua poesia.

Fios de sangue turco
são seus versos,
fábulas verdadeiras
com antiga inflexão, curvas ou retas,
como alfanjes ou espadas,
seus clandestinos versos
feitos para defrontar
todo o meio-dia da luz,
hoje são como as armas escondidas,
brilham sob os andares,
esperam nos poços,

debaixo da escuridão impenetrável
dos olhos escuros
de seu povo.
De suas prisões veio
para ser meu irmão
e percorremos juntos
as neves das estepes
e a noite acesa
com nossas próprias lâmpadas.

Aqui está seu retrato
para que não se esqueça sua figura:

É alto
como uma torre
levantada na paz das campinas
e acima
duas janelas:
seus olhos
com a luz da Turquia.

Errantes
encontramos
a terra firme sob nossos pés,
a terra conquistada
pelos heróis e poetas,
pelas ruas de Moscou, a lua cheia
florescendo nos muros,
as moças
que amamos,
o amor que adoramos,
a alegria,
nossa única seita,
a esperança total que compartilhamos,

e mais que tudo
uma luta
de povos
onde são uma gota e outra gota,
gotas do mar humano,
seus versos e meus versos.
Mas
detrás da alegria de Nazim
há feitos,
feitos como madeiros
ou como fundações de edifícios.

Anos
de silêncio e presídio.
Anos
que não conseguiram
morder, comer, engolir
sua heroica juventude.

Contava-me
que por mais de dez anos
deixaram-lhe
a luz da lâmpada elétrica
toda a noite e hoje
esquece cada noite,
deixa na liberdade
ainda a luz acesa.
Sua alegria
tem raízes negras
fundidas em sua pátria
como flor de pântanos.
Por isso
quando ri,
quando Nazim ri,

Nazim Hikmet,
não é como quando ris:
é mais alvo seu riso,
nele sorri a lua,
a estrela,
o vinho,
a terra que não morre,
todo o arroz saúda com seu riso,
todo seu povo canta por sua boca.

IV. ALBÂNIA

NUNCA na Albânia
estive,
áspera terra amada,
pedregosa
pátria dos pastores.
Hoje
espero
chegar a ti como a uma festa,
uma nova
festa terrestre: o sol
sobre a musculosa empunhadura
de tuas serras
e vislumbrar entre penhascos
como cresce
o novo lírio terno,
a cultura,
as letras que se estendem,
o respeito ao antigo camponês,
a origem do operário,
o monumento insigne
da fraternidade, o crescimento

da bondade como uma jovem planta
que floresce nas velhas terras pobres.

Albânia, pequeninha,
forte, firme, sonora,
tua corda na guitarra
– fio de água e aço –
conjuga-se ao som da História,
ao canto do tempo invencível,
com uma voz de bosques
e edifícios,
aromas e brancuras,
canto de todo o homem e todo o bosque,
pássaros e macieiras,
ventos e ondas.

Força, firmeza e flor são teu regalo
na construção do terrestre.

V. ÍNDIA, 1951

NA ÍNDIA
de novo,
outra vez
o aroma
de frutas mortas, o
grasnido
de corvos.
Senti que se oprimia
dentro de um vaso quebrado
meu coração, ouvi
passos,
passos que morreram,
passos.

Ramagem
de raças e de túnicas,
Índia,
materna, entrelaçada,
angusta, cruel, remota,
eras a mesma.
Os grandes rios sepultando corpos,
a cor de açafrão nas colinas,
mas agora
não era minha juventude, minha solitária
adolescência vagante.
Agora
as flores me esperavam,
caíram em meu colo,
e um nome,
uma carta,
uma simples sílaba
vinha
lá do cárcere para reconhecer-me.

Terras de Telenghana,
mártires, criaturas
colhidas entre
dois fogos,
as metralhadoras do governo,
os cárceres
do Nizam de Hyderabad.
Camponeses caídos
nas que já creram
terras suas,
agora
com Parlamento próprio,
sem ingleses,

e a velha miséria,
a fome
ululando nas aldeias.
Esperando,
esperando
sempre viveu a Índia,
sentada
junto ao rio do tempo,
esperando.

Passavam os guerreiros
de pés ensanguentados,
os príncipes
comedores de pérolas,
os ingleses
impassíveis,
os sacerdotes frios
como sáurios,
estudando o umbigo
da terra e do céu,
todos
devorando-te algo,
passageiros, piratas, mercenários,
e tu, mãe do mundo,
sentada junto ao rio
do tempo
fiando e esperando.

Agora
os poetas,
Sirdard Jaffris ou o outro,
o magro ou o barbudo,
saíam do cárcere.

A poesia
na Índia
entrava no calabouço,
saía e regressava,
aprendendo
a liberdade entre os prisioneiros,
conhecendo
as penas,
os dialetos, as dores,
as palavras secretas
dos ensimesmados camponeses,
a queixa dolorosa,
as abertas feridas,
a doçura rebelde
que avança levantando seu estandarte
de estrelas e pombas.

Útero da terra, território
fechado em que fermentam
as uvas da História.
Antiga irmã
dos velhos planetas,
eu soube agora,
escutando os cantos nos povoados,
as iras debulhadas,
os punhos no vento,
soube
que se levantarão tuas estaturas,
que se acumulará teu poderio,
que darás a teu povo
o pão que lhe negavas,
e que já não veremos
passar detrás do ouro,

cruzar detrás do rito
deslumbrador da teogonia,
a fome com sua escova
varrendo pobres ossos e sujeiras
no lado do caminho.

Índia, levanta
tua juventude, incita
teu relógio para marcar a hora que vem.
Adianta-te e colhe
no horário o alto meio-dia.
São antigas tuas flechas.

Sobe-as à tua testa
e crava no horário teu destino.

VI. DESDE DOBRIS A AURORA

EM DOBRIS, junto a Praga,
conversando com
Jorge Amado,
meu companheiro de anos e de lutas:
De onde
vens agora?

Eu, dos largos rios
da Guatemala e México,
do fulgor verde
do rio Doce, adentro.
Levava
fogo de aves selvagens,
orvalho
de foz.

Contei-lhe meus caminhos.
Ele regressava

da Bulgária, trazia
luz de roseiras vermelhas
no peito,
e contou-me as coisas,
os homens, as empresas,
o socialismo em marcha
naquela
terra eriçada, agora construtora.

Era tarde, as brasas
ardiam
na lareira de pedra.
Fora
o vento removia sussurrando
as folhas das faias.

Juntos peregrinamos,
perseguidos,
e eis que aqui a paz
nos reunia.

Tínhamos
pão,
luz,
fogo,
terra,
castelo.
Não eram só nossos,
eram de todos.

Não queríamos
falar. O vento
falava por nós.
Estendia-se
no bosque,

voava
com as folhas desprendidas.
O vento
ia ensinando,
cantando
o que nós éramos,
éramos e tínhamos.

A claridade terrestre
nos rodeava.

Solene era o silêncio.

Longos haviam sido os caminhos.

E a aurora batia as janelas
de novo
para ir conosco pelo mundo.

EPÍLOGO

O CANTO REPARTIDO

*Entre a cordilheira
e o mar do Chile
escrevo.*

*A cordilheira branca.
O mar cor de ferro.*

*Regressei de minhas viagens
com os novos cachos.*

E o vento.

*O vento sacudia
a terra, as raízes.*

Eu viajei com o vento.

*Hoje entre mar e neve
e terra minha
eu ordenei os dons
que recolhi no mundo.*

*Estabeleci meu amor
como uma sarça ardendo
sobre a primavera
de minha pátria.
Regressei cantando.*

*Onde esteve, a vida
criadora
me revestiu de germes
e frutos.*

*Regressei vestido
de uvas e cereais.*

*Eu trouxe a semente
de escolas transparentes,
a folhagem acerada
das novas usinas,
o latejo
da tenacidade e o movimento
da extensão povoando-se de aroma.*

*Num lugar qualquer
vi o pão diminuído
e mais além estender-se
os reinos da espiga.*

*Vi nos povos a guerra
como despedaçada
dentadura
e vi a paz redonda
noutras terras
crescer como uma taça
como o filho na mãe.*

Eu vi.

*Ali onde estive, ainda
nos espinhos
que quiseram ferir-me,
achei que uma pomba
ia cosendo
em seu voo
meu coração com outros
corações.*

Achei por toda parte
pão, vinho, fogo, mãos,
ternura.

Dormi sob todas
as bandeiras
reunidas
como debaixo dos ramos
de um só bosque verde
e as estrelas eram
minhas estrelas.

De minhas encarniçadas
lutas, de minhas dores,
não conservo nada
que não possa servir-vos.

Também como a terra,
eu pertenço a todos.
Não há uma só gota
de ódio em meu peito Abertas
vão minhas mãos
espargindo as uvas
no vento.

Regressei de minhas viagens.
Naveguei construindo
a alegria.

Que o amor nos defenda.
Que levante suas novas
vestiduras
a rosa. Que a terra
continue sem fim florida
florescendo.

*Entre as cordilheiras
e as ondas nevadas
do Chile,
renascido no sangue
de meu povo,
para vós todos,
para vós canto.*

*Que seja repartido
todo canto na terra.*

*Que subam os cachos.
Que os propague o vento.*

Assim seja.

Índice

INTRODUÇÃO / 5

PRÓLOGO – Tendes que ouvir-me / 7

I. AS UVAS DA EUROPA

I. Só o homem / 9
II. O rio / 11
III. A cidade / 13
IV. Desviando o rio / 15
V. Os frutos / 16
VI. As pontes / 18
VII. Picasso / 19
VIII. Ehrenburg / 21
Palavras à Europa / 23

II. O VENTO NA ÁSIA

I. Voando para o sol / 27
II. O desfile / 29
III. Dando uma medalha à Madame Sun Yat Sen / 32
IV. Tudo é tão simples / 34
V. As cigarras / 42
VI. China / 45
VII. A Grande Marcha / 46
VIII. O gigante / 48
IX. Para ti as espigas / 49

III. REGRESSOU A SIRENA

I. Eu canto e conto / 51
II. Primavera no Norte / 53

III. As ruínas no Báltico / 54
IV. Construindo a paz / 56
V. Os bosques / 57
VI. Regressou a sirena / 59
VII. Canta Polônia / 62

IV. O PASTOR PERDIDO

Volta Espanha / 66
I. Se eu te recordasse / 68
II. Chegará nosso irmão / 69
III. O pastor perdido / 71

V. CONVERSA DE PRAGA

I. Meu amigo das ruas / 80
II. Assim teria acontecido / 80
III. Tu o fizeste / 81
IV. O dever de morrer / 81
V. Eras a vida / 83
VI. Estás em toda parte / 84
VII. Se lhes falo... / 85
VIII. Radiante Julius / 86
IX. Com meu amigo de Praga / 87

VI. É LARGO O NOVO MUNDO

Contigo pelas ruas / 89
I. Muda a história / 89
II. Transiberiano / 93
III. Terceiro canto de amor a Stalingrado / 96
IV. O anjo soviético / 100
V. Em sua morte / 103

VII. A PÁTRIA DO CACHO

I. A túnica verde / 111
II. Cabeleira de Capri / 114
III. A polícia / 116
IV. Os deuses esfarrapados / 118
V. Chegou a frota / 121
VI. Eu te construí cantando / 123

VIII. LONGE NOS DESERTOS

I. Terra e céu / 126
II. Ali estava meu irmão / 128
III. Mas deu fruto / 129

IX. O CAPITEL QUEBRADO

I. Nestes anos / 130
II. Belojannis o herói / 131
III. Contemplada a Grécia / 132

X. O SANGUE DIVIDIDO

I. Em Berlim a manhã / 134
II. Jovens alemães / 135
III. A cidade ferida / 139

XI. NOSTALGIAS E REGRESSOS

(Intermédio)
I. Os regressos / 143
II. A passageira de Capri / 144
III. Quando do Chile / 147
IV. O cinturão / 151
V. Um dia / 153

XII. A FLOR DE SEDA

I. O lírio distante / 157

II. Os invasores / 157
III. A esperança / 159
IV. Teu sangue / 159
V. A paz que te devemos / 160

XIII. PASSANDO PELA NÉVOA
I. Londres / 161
II. O grande amor / 164

XIV. A LUZ QUEIMADA
I. A chama negra / 171
II. A terra tempestuosa / 172

XV. A LÂMPADA MARINHA
I. O porto cor de céu / 174
II. A cítara esquecida / 175
III. Os presídios / 175
IV. O mar e os jasmins / 176
V. A lâmpada marinha / 177

XVI. A TERRA E A PINTURA
I. Chegada a Porto Picasso / 180
II. A Gutusso, da Itália / 183

XVII. O MEL DA HUNGRIA
I. Eu vinha de longe / 187
II. Crescem os anos / 188
III. Adiante! / 190

XVIII. FRANÇA FLORIDA, VOLTA!
I. A estação se inaugura / 193
II. E não obstante... / 195
III. Mais de uma França / 201
IV. Henri Martin / 205

XIX. AGORA CANTA O DANÚBIO

I. Dedos queimados / 210
II. A boca que canta / 212
III. Uma imprensa / 213
IV. Os deuses do rio / 214

XX. O ANJO DO COMITÊ CENTRAL

I. O anjo da guarda / 217
II. Então te ocultavas / 218
III. Eu saí de minha pátria / 218
IV. Primeira aparição do anjo / 219
V. O anjo solidário / 220
VI. O anjo dos pampas / 220
VII. O anjo dos rios / 221
VIII. O anjo da poesia / 223
IX. Anjo Vyka / 224
X. Anjo, oh camarada / 226

XXI. MEMORIAL DESTES ANOS

I. Veio a morte de Paul / 228
II. Agora sabemos / 229
III. Aqui vem Nazim Hikmet / 231
IV. Albânia / 234
V. Índia, 1951 / 235
VI. Desde Dobris a aurora / 239

EPÍLOGO

O canto repartido / 242

Índice / 246

SOBRE O AUTOR

RICARDO NEFTALÍ REYES BASOALTO nasceu na cidade chilena de Parral, em 12 de julho de 1904. Sua mãe era professora e morreu logo após o nascimento do filho. Seu pai, que era funcionário de ferrovia, mudou-se alguns anos mais tarde para a cidade de Temuco, onde se casou novamente com Trinidad Candia Malverde. Ricardo passou a infância perto de florestas, em meio à natureza virgem, o que marcaria para sempre seu imaginário, refletindo-se na sua obra literária.

Em Temuco, conheceu a poetisa Gabriela Mistral, então diretora de uma escola, que muito se afeiçoou a ele.

Com treze anos, Ricardo começou a contribuir com alguns textos para o jornal *La Montaña*. Foi em 1920 que surgiu o pseudônimo Pablo Neruda – uma homenagem ao poeta tchecoslovaco Jan Neruda (1834-1891) –, sob o qual o jovem publicava poemas no periódico literário *Selva Austral*. Vários dos poemas desse período estão presentes em *Crepusculário*, o primeiro livro do poeta a ser publicado, em 1923. No ano seguinte, 1924, foi publicado o livro *Veinte poemas de amor y una canción desesperada*, no qual a mulher simboliza o mundo que o jovem poeta anseia por conhecer.

Além das suas atividades literárias, Neruda estudou francês e pedagogia na Universidade do Chile. No período de 1927 a 1935, trabalhou como diplomata para o governo chileno, vivendo em Burma, Ceilão,

Java, Cingapura, Buenos Aires, Barcelona e Madri. Em 1930, casou-se com María Antonieta Hagenaar, de quem se divorciaria em 1936. Viveu com Delia de Carril a partir de meados da década de 30 (casaria-se com ela em 1943 e dela se divorciaria em 1955).

Em meio às turbulências políticas de proporções mundiais do período do entreguerras, Neruda publicou o livro que marcaria um novo período em sua obra, *Residência na terra* (1933). Surgia uma poesia de um pessimismo social angustiado, marcada pela orientação política e culminando no grito pela revolução. Em 1936, o estouro da Guerra Civil Espanhola e o assassinato de Federico García Lorca, a quem Neruda conhecia, aproximam o poeta chileno dos republicanos espanhóis e fazem com que ele seja destituído de seu cargo consular. Neruda exalta as forças republicanas espanholas em *Espanha no coração* (1937), livro de poemas que foi impresso no front da Guerra Espanhola e que, posteriormente, passou a integrar a obra *Terceira residência* (1947). Também no poema "Canto a Stalingrado", recolhido em *Terceira residência* mas escrito nos anos antecedentes à Segunda Guerra Mundial, se pode perceber a forte inclinação esquerdista e o engajamento político-social do poeta.

Em 1943, Neruda voltou ao Chile e em 1945 foi eleito senador da república, filiando-se ao partido comunista chileno. Devido a suas manifestações contra a política repressiva do presidente Gonzales Videla para com mineiros em greve, teve de viver de forma clandestina em seu próprio país por dois anos, até exilar-se, em 1949. Em 1950, foi publicado no México e clandestinamente no Chile o livro *Canto geral*, escrito por Neruda quando era cônsul-geral no México. Além de ser o título mais célebre de Neruda, *Canto geral* é uma obra-prima de poesia telúrica que exalta poderosamente toda a vida do Novo Mundo – os vegetais, os homens, os animais –, denuncia a impostura dos conquistadores e a tristeza dos povos explorados, expressando um grito de fraternidade por meio de imagens poderosas.

Após viver em diversos países, Neruda voltou ao Chile em 1952. Muito do que ele escreveu nesse tempo tem profundas marcas políticas, como é o caso de *As uvas e o vento* (1954), que pode ser considerado o diário de exílio do poeta.

Em 1955, ano de seu divórcio com sua segunda mulher, Neruda iniciaria um relacionamento com Matilde Urrutia que duraria até a morte do poeta. Seguiram-se os livros *Estravagario* (1958), *Odas elementales* (1954-1959), *Cem sonetos de amor* (1959), que inclui poemas dedicados a Matilde, *Memorial de Isla Negra*, obra autobiográfica em cinco volumes publicada em 1964, por ocasião do 60º aniversário do poeta, *Arte de pájaros* (1966), *La barcarola* (1967), a peça *Fulgor e morte de Joaquín Murieta* (1967), *Las manos del día* (1968), *Fin del mundo* (1969), *Las piedras del cielo* (1970) e *La espada encendida* (1970).

Em 1971, Pablo Neruda recebeu a honraria máxima para um escritor, o Prêmio Nobel de Literatura, devido à sua poesia que "com a ação de forças elementares dá vida ao destino e aos sonhos de todo um continente". Publicou, a seguir, *Geografia infructuosa* (1972).

Pablo Neruda morreu em Santiago do Chile, em 23 de setembro de 1973, apenas alguns dias após o golpe militar que depusera da presidência do país o seu amigo Salvador Allende, em 11 de setembro.

Vários livros de poesia daquele que foi a voz poética mais célebre e universal do século XX foram publicados postumamente. São eles: *El mar y las campanas* (1973), *El corazón amarillo* (1974), *Defectos escogidos* (1974), *El libro de las preguntas* (1974), *Elegia* (1974) e *Jardim de inverno* (1975). Também foram publicados após a morte de Neruda os livros de prosa *Confesso que vivi* (memórias) (1974), e *Para nascer he nascido* (1978).

Coleção **L&PM** POCKET (ÚLTIMOS LANÇAMENTOS)

181. **Em busca do tempo perdido (Mangá)** – Proust
182. **Cai o pano: o último caso de Poirot** – Agatha Christie
183. **Livro para colorir e relaxar** – Livro 1
184. **Para colorir sem parar**
185. **Os elefantes não esquecem** – Agatha Christie
186. **Teoria da relatividade** – Albert Einstein
187. **Compêndio de psicanálise** – Freud
188. **Visões de Gerard** – Jack Kerouac
189. **Fim de verão** – Mohiro Kitoh
190. **Procurando diversão** – Mauricio de Sousa
191. **E não sobrou nenhum e outras peças** – Agatha Christie
192. **Ansiedade** – Daniel Freeman & Jason Freeman
193. **Garfield: pausa para o almoço** – Jim Davis
194. **Contos do dia e da noite** – Guy de Maupassant
195. **O melhor de Hagar 7** – Dik Browne
196. (29). **Lou Andreas-Salomé** – Dorian Astor
197. (30). **Pasolini** – René de Ceccatty
198. **O caso do Hotel Bertram** – Agatha Christie
199. **Crônicas de motel** – Sam Shepard
200. **Pequena filosofia da paz interior** – Catherine Rambert
201. **Os sertões** – Euclides da Cunha
202. **Treze à mesa** – Agatha Christie
203. **Bíblia** – John Riches
204. **Anjos** – David Albert Jones
205. **As tirinhas do Guri de Uruguaiana 1** – Jair Kobe
206. **Entre aspas (vol.1)** – Fernando Eichenberg
207. **Escrita** – Andrew Robinson
208. **O spleen de Paris: pequenos poemas em prosa** – Charles Baudelaire
209. **Satíricon** – Petrônio
210. **O avarento** – Molière
211. **Queimando na água, afogando-se na chama** – Bukowski
212. **Miscelânea septuagenária: contos e poemas** – Bukowski
213. **Que filosofar é aprender a morrer e outros ensaios** – Montaigne
214. **Da amizade e outros ensaios** – Montaigne
215. **O medo à espreita e outras histórias** – H.P. Lovecraft
216. **A obra de arte na era de sua reprodutibilidade técnica** – Walter Benjamin
217. **Sobre a liberdade** – John Stuart Mill
218. **O segredo de Chimneys** – Agatha Christie
219. **Morte na rua Hickory** – Agatha Christie
220. **Ulisses (Mangá)** – James Joyce
221. **Ateísmo** – Julian Baggini
222. **Os melhores contos de Katherine Mansfield** – Katherine Mansfied
223. (31). **Martin Luther King** – Alain Foix
1224. **Millôr Definitivo: uma antologia de** *A Bíblia do Caos* – Millôr Fernandes
1225. **O Clube das Terças-Feiras e outras histórias** – Agatha Christie
1226. **Por que sou tão sábio** – Nietzsche
1227. **Sobre a mentira** – Platão
1228. **Sobre a leitura** *seguido do* **Depoimento de Céleste Albaret** – Proust
1229. **O homem do terno marrom** – Agatha Christie
1230. (32). **Jimi Hendrix** – Franck Médioni
1231. **Amor e amizade e outras histórias** – Jane Austen
1232. **Lady Susan, Os Watson e Sanditon** – Jane Austen
1233. **Uma breve história da ciência** – William Bynum
1234. **Macunaíma: o herói sem nenhum caráter** – Mário de Andrade
1235. **A máquina do tempo** – H.G. Wells
1236. **O homem invisível** – H.G. Wells
1237. **Os 36 estratagemas: manual secreto da arte da guerra** – Anônimo
1238. **A mina de ouro e outras histórias** – Agatha Christie
1239. **Pic** – Jack Kerouac
1240. **O habitante da escuridão e outros contos** – H.P. Lovecraft
1241. **O chamado de Cthulhu e outros contos** – H.P. Lovecraft
1242. **O melhor de Meu reino por um cavalo!** – Edição de Ivan Pinheiro Machado
1243. **A guerra dos mundos** – H.G. Wells
1244. **O caso da criada perfeita e outras histórias** – Agatha Christie
1245. **Morte por afogamento e outras histórias** – Agatha Christie
1246. **Assassinato no Comitê Central** – Manuel Vázquez Montalbán
1247. **O papai é pop** – Marcos Piangers
1248. **O papai é pop 2** – Marcos Piangers
1249. **A mamãe é rock** – Ana Cardoso
1250. **Paris boêmia** – Dan Franck
1251. **Paris libertária** – Dan Franck
1252. **Paris ocupada** – Dan Franck
1253. **Uma anedota infame** – Dostoiévski
1254. **O último dia de um condenado** – Victor Hugo
1255. **Nem só de caviar vive o homem** – J.M. Simmel
1256. **Amanhã é outro dia** – J.M. Simmel
1257. **Mulherzinhas** – Louisa May Alcott
1258. **Reforma Protestante** – Peter Marshall
1259. **História econômica global** – Robert C. Allen
1260. (33). **Che Guevara** – Alain Foix
1261. **Câncer** – Nicholas James

IMPRESSO NA GRÁFICA COAN
TUBARÃO – SC – BRASIL
2017